일인자
유재석

일인자 유재석

방송작가가 쓴 국민 MC 이야기

김영주 지음

이지북
ez-book

차례

책을 시작하며
　우리에게 예능력이 필요한 이유 …9

1부 • 유재석 TV - 도전! 무명에서 유명으로

　그때를 아십니까? 무명 개그맨 유재석 …18 | 어린 시절, 재석은 열두 살 …22
　공부를 잊은 그대에게, 비바청춘 …24 | 서울예대 비밀 상륙작전 …28
　KBS 대학의 개그 벌레들 …32 | 재석은 개그 하나 마나 …38
　내겐 너무 얄미운 동기들 …43 | 마지막 전투 방위 …46
　방위 마치고 돌아온 7년차 신인 개그맨 …48 | 그의 이름은 메뚜기 …51
　토크박스, 대한민국을 흔들다 …56 | 버라이어티에 발을 담그고 …62
　새로운 스타일의 MC 탄생! 동거동락 …64 | 이제는 개그맨 시대 …71
　들썩들썩! 공포의 쿵쿵따 …76 | 느낌이 좋은데? 느낌표 …80
　비운의 코미디타운 …82 | 해피투게더 앤 우리 집에 놀러와~ …84
　X맨을 찾아라! …91 | 가는 거야! 무한도전 …97
　패밀리가 떴다? 가라앉다! …116 | 일단 뛰어! 런닝맨 …124
　유재석의 힘 …131

2부 • 예능의 정석 - 유재석의 7가지 습관

제1장　열심히 하길 바리 …144
제2장　부지런히 공부하길 바라 …151
제3장　자신을 낮추길 바라 …157
제4장　배려하길 바라 …165
제5장　남을 돋보이게 하길 바라 …174
제6장　희생하길 바라 …183
제7장　게이머가 되길 바라 …191

3부 • 유재석처럼 웃겨라! - 나도 유재석이 될 수 있다

STEP 1.　수다가 최고야! …203
STEP 2.　나만의 스토리를 갖는 거야! …209
STEP 3.　관찰, 막 관찰하는 거야! …213
STEP 4.　괜찮아! 따라하는 거야! …218
STEP 5.　리액션이 중요해! 액션~ …222
STEP 6.　말, 갖고 노는 거야! …228
STEP 7.　인생은 타이밍, 예능도 타이밍이야! …236
STEP 8.　캐릭터만 있으면 돼! …241
BONUS STEP.　강호동 성공의 비밀 …246

4부 • 유재석, 인터뷰의 재구성

마무리 하며, 책을 쓴 또 하나의 이유 …261
인생 시계로 꾸며본 유재석 연표 …265
참고한 문헌 …268

★

그런 기회가 올지 안 올지는 모르겠지만
언젠가 많은 분들의 사랑과 인정을 받는 날이 온다면,
정말 이때를 잊지 말아야겠다고요.
기도를 밤마다 했어요. 소원 한 번만 들어달라고.
이 길에 들어서긴 했는데, 이 길이 맞는지도 모르겠다고.
기회를 주시면 오늘 기도한 거 잊지 않고
모든 분들에게 보답하는 사람이 되겠다고 기도하고 또 했어요.

책을 시작하며

우리에게 예능력이 필요한 이유

우리의 삶, 하루하루, 일상은 생방송이다. 정해진 대본도 없다. 버라이어티다. 하루하루가 토크쇼, 게임쇼, 가끔은 몰래카메라가 이어지고, 쉼 없이 도전해야 하고, 다양한 유형의 초대 손님과 마주한다. 혼자서 진행해야 할 때도 있고, 여러 사람과 함께 진행해야 하는 경우도 적지 않다.

예능력을 높이면 높일수록 인간관계는 풍요로워지고, 타인의 호감을 얻게 되고, 결과적으로 삶의 질이 높아진다. 연봉이 높아진다는 연구 결과도 있다.

일반 직장인의 하루를 보자. 먼저 가족과 함께하는 아침 프로그램이 시작된다. 부부와 자녀가 함께 공감할 수 있는 진행 능력이 요구된다. 출근해서 상사의 호출을 받으면 1대 1 토크가 시작된다. 주

**일인자
유재석**

고받기 식의 토크 능력이 요구되는 상황에 처하는 것이다.

점심시간이 임박하면 가장 부담 없이 즐길 수 있는 프로그램이 마련된다. 대부분의 사람이 가장 많이 하는 고민인 '점심 뭐 먹지?'라는 막강 아이템을 진행해야 한다. 저마다의 이해관계가 엇갈리고, 음식에 대한 취향과 선호도가 치열하게 부딪히고, 작은 거 하나에도 마음 상하는 상황이 빈번하기에 원만한 메뉴 선택이 무척이나 중요하다. 난상토론과 막말이 난무하는 토크 끝에 점심 메뉴가 결정되면, 프로그램의 무대는 음식 버라이어티로 전환된다. 음식을 맛보며 품평을 하고 서로의 근황을 듣고 자신의 관심사와 고민 등을 부담 없이 나누게 되는 자리다. 점심을 하고 나면 100분 토론 같은 교양 프로그램이 기다리고 있다. 일과 직접적으로 연결되고 각자의 업무 능력과 처세술 등이 부딪히는 치열한 무대이기에 진행자의 역할이 더욱 중요해지는 자리다.

업무를 마치고 나면 우리나라 직장인들이 가장 많이 하는 프로그램인 리얼 버라이어티가 펼쳐진다. 음주를 하며 서로의 감정을 풀어놓는데, 솔직한 입담이 제일 많이 요구되는 무대다. 차마 하지 못했던 고백이나 폭로가 줄을 잇기도 하고, 자칫 고성을 지르며 대립하는 상황도 연출되기에, 진행자의 조율 능력이 가장 많이 요구되는 프로그램이다. 아울러 노래와 게임 장르가 있는 2부로 이어지곤 하는데, 역시 자신을 망가뜨리며 살신성인의 자세를 보여주는 극강의 예능력을 보여주는 사람이 주목을 받게 된다.

아직 끝이 아니다. 밤 12시가 넘어 집으로 들어가면 〈사랑과 전쟁〉이라는 리얼리티 프로그램의 촬영 준비를 해야 한다. 오늘 하루의 변화무쌍했던 예능력이 해피엔딩으로 끝나느냐, 비극으로 마무리되는가는 이 프로그램을 얼마나 잘 운영하느냐에 달려 있다. 물론 번외 프로그램으로 레슬링과 비슷한 스포츠 버라이어티가 이어지기도 하는데, 프로그램의 선택 여부와 질은 각자에게 맡기겠다.

예능력, 어떻게 키울 것인가?

예능력의 기본은 '유머'다. 서점에 가면 유머를 배울 수 있다는 수많은 책이 있다. 이렇게 하면 유머를 익힐 수 있다는 비법을 알려준다. 우스운 얘기를 많이 외운다거나 발상의 전환을 한다거나 자신감을 가져야 한다거나. 모든 지침이 다 옳다. 책에서 제안하는 방식을 열심히 따라 하면 누구나 유머를 잘 구사하는 사람이 될 수 있다. 여기에 내가 제안하고자 하는 방식은 유머 롤 모델을 삼아 그 사람의 유머를 익히고 따라 하면 어떨까 하는 것이다. 요즘 대세인 유머 멘토를 찾아보는 것이다.

유머 멘토는 어떻게 찾으면 되느냐고? 다행히 유머 멘토는 한곳에 모여 있다. TV 안에 계시다. 우리는 마음에 드는 사람을 고르기

**일인자
유재석**

만 하면 된다. 약간만 손품을 팔면, 마음에 드는 멘토를 언제 만날 수 있는지 알 수 있다.

왜 유재석인가?

수많은 유머 멘토 중에서 내가 멘토로 삼은 사람은 유재석이다. 내가 신봉하는 철학 중 하나가 인상주의다. 사람은 인상이 중요하다. 미남이어야 한다는 게 아니다. 느낌이 있어야 한다. 호감을 주는 인상이 있다. 말로는 설명하기 힘든 미묘한 느낌, 유재석은 인상이 좋다. 이것이 내가 유재석을 멘토로 삼은 첫 번째 이유다.

둘째, 유머가 편안하다. 예능인들이 구사하는 유머를 보면 참으로 다양하다는 걸 알 수 있다. 남을 윽박지르는 유머, 자신을 낮추는 유머, 호통부터 치고 보는 유머, 풍자가 있는 유머, 상대방을 교묘하게 이간질하는 유머에서 독설 유머까지. 유재석의 유머는 무엇보다 편안하다. 안심이 된다. 많은 분들이 고개를 끄덕일 수 있다. 그래서 좋다.

내가 유재석을 유머 멘토로 삼은 세 번째 이유는 삶이 배어 있기 때문이다. 10년 가까운 무명의 세월을 거치면서 깎이고 만져지고 다져진 그의 유머는 급조되지 않은 삶의 무게가 담겨 있다. 이것이

내가 유재석을 유머 멘토로 삼은 세 가지 이유다.

당신도 유재석이 될 수 있다!

이 책은 국내 최초, 아니 세계 최초 본격 유재석 연구서다. 명색이 국민 MC인데, 그를 다룬 책이 한 권도 없다는 것에 분노하였다. 헤아리기도 힘들 정도로 수많은 책이 출간된 안철수보다 유재석이 못한 게 도대체 뭘까. 키도 크다. 얼굴도 작다. 훨씬 웃긴다. 기껏해야 대통령 후보인데, 유재석은 이미 예능의 대통령이다. 무엇보다 유느님이다.

그래서 나는 그가 어떻게 오랜 무명 세월을 극복하고 스타가 되었는지, 그가 말과 행동으로 보여주고 있는 예능의 정석은 무엇인지를 들여다봤다. 그가 웃기는 방식을 자세하게 적었다. 아울러 그 속에 나의 예능 작가의 경험을 최대한 녹이고자 했다.

이 책으로 예능 일인자의 노하우를 익혀보자. 자신이 마치 유재석인 것처럼 웃고 따라 하다 보면 일인자 된 그만의 비법을 터득할 수 있을 것이다. 영화〈매트릭스〉에서 똑같은 요원이 수백 명 거리를 걷듯이, 거리거리마다 일인자 유재석들이 다닐 수 있으니 마음의 준비를 하면 된다. 입이 튀어나오는 부작용은 없으니 안심하시기 바란다.

1부

유재석 TV

도전! 무명에서 유명으로

김국진 신동엽 이영자 이경규 이휘재 조혜련 이홍렬 정선희 홍록기 강호동 이경실 남희석 서경석 김미화 김용만 홍기훈 장미화 박수홍 서세원 김경식.

한 잡지에서 집계한 '개그맨 인기 순위 베스트 20'의 명단이다. 스무 명의 이름 모두가 우리가 너무도 잘 알고 있는 사람들이다. 과연 몇 년도 잡지의 통계라는 생각이 드는가? 2010년? 2005년? 이왕 과거로 거슬러 올라가는 거 인심 팍팍 써서 10년 전인 2002년? 놀라지 마시라. 이 순위는 무려 15년 전인 1997년도, 당시 잘나가던 TV 전문 잡지였던 『TV가이드』 5월호에 실린 통계다.

뭔가 이상하지 않은가? 연예계라는 곳은 인기와 몰락이 급박하게 변하는데, 자그마치 15년 전에 가장 인기 있었던 스무 명의 개그맨들은 지금도 왕성하게 활동하고 있는 분들이라는 것이다. 2012년 7월 현재의 인기 순위 베스트 20이라고 해도 이상하게 보이지 않는다. 개인적인 사정이 있는 두서너 명만 빼고는. 이 얘기는 개그맨이라는 직업은 가수나 배우와 달리 대기만성형을 찾기가 쉽지 않다는 것이다.

가수나 배우는 '늦깎이 신인'이라든가, '20년 무명의 세월 떨쳐버리고'라는 기사를 심심치 않게 볼 수 있다. 그에 비해 개그맨은 능력과 운이 뒷받침되면 대부분 데뷔하고 1, 2년 안에 결판이 난다. 신동엽이 그렇고, 김국진이 그렇고, 강호동이 그렇고, 이휘재도 마찬가지였고, 심지어 지금은 2인자이지만 박명수도 데뷔하고 이듬해에 꽤 알려진 개그맨이 되었다.

그렇기 때문에 무려 15년 전의 인기 순위이지만, 현재도 왕성하게 활동하고 있는, 여전히 높은 인기를 누리고 있는 개그맨들로 채워져 있는 것이다. 짐작하시겠지만 단 한 사람만 빼고.

궁금하다. 그 사람. 도대체 어떻게 무명을 극복한 것일까. 어떻게 이 길에 들어서게 되었고, 얼마나 방황했고 고민했는지, 무명을 딛고 국민 MC가 된 비결은 무엇이었는지, 천천히 따라가 보기로 한다.

**일인자
유재석**

그때를 아십니까? 무명 개그맨 유재석

　　　　　　　　　　그는 개그맨이지만 성격이 소심했다. 그래도 돈을 벌 기회가 있으면 가야 한다는 생각은 늘 하고 있던 차, 마침내 기회가 왔다. 지방의 한 업소에 가게 된 것. 업소 사장님은 그를 보자마자 섭외를 실패했다는 듯 한숨을 내쉬며 "무대 올라갈래? 서울 올라갈래?" 나직하게 얘기했다.

　자존심은 상했지만 선택의 여지가 없었다. 사실 믿는 구석도 있었다. 며칠 전 동료에게 전해 들은 밤일의 여왕 이영자 선배 방식에 대해 전해 들었다. 이영자는 화통하게 "여러분, 같이 달릴까요?" 하고 분위기를 띄우다가 갑자기 음악을 뚝 끊는다고 한다. 그러면 사람들은 놀라 멈칫하면서 이영자를 쳐다보는데, 그때를 놓치지 않고 "이렇게 놀 거면 가! 다들 가라고!" 호통을 치다가 이내 못 이기는 척하면서 다시 빵빵하게 음악을 튼다. 그러면 다들 미친 듯이 몸을 흔든다는 것이다.

　무대로 올라간 그는 회심의 미소를 지었다. 감쪽같이 따라 하면 되는 것이다. 음악이 시작되고 손님들의 댄스가 무르익기 시작했다. 그는 음악을 뚝, 끊는다. 사장님도 놀라고 손님들 표정도 헐~.

　무대 위에서는 한 남자가 정색한 표정으로 손님들을 향해 화를 내고 있었다. "가! 들어가!"를 무한 반복하고 있었다. 분위기 이상해지고, 앞에 있던 나이 지긋해 보이는 분이 "너 뭐 하는 놈이야!"

삿대질을 하자 그는 "죄송합니다! 죄송합니다!" 하며 머리를 조아렸다.

몇 달 후, 그 남자는 한 버라이어티 프로그램에 출연한다. 카메라의 불이 들어오고 녹화가 시작되었는데, 그 남자는 말을 제대로 잇지 못하고 부들부들 떨기 시작한다. 순간 매니저가 세트 위로 뛰어 올라가 그 남자의 뺨을 후려쳤다.

"야, 이 XX야! 내가 너를 이 자리에 올리려고 백방으로 노력했는데 떨고 XX이야!"

만약 당신이 방송사의 예능 프로듀서이고, 당신 앞에 밤무대 행사를 망쳐놓고 버라이어티 무대 위에서 매니저에게 뺨을 맞은 남자가 있다면, 게다가 이 남자가 갓 들어온 신인 개그맨도 아니라면, 어떤 말을 할 것 같은가. 아마도 이러지 않을까.

"자네는 도대체 언제까지 카메라 앞에만 서면 총 맞은 것처럼 할 건가. 개그맨이 된 지 벌써 몇 년이나 됐는데, 그렇게 울렁증이 심해서 어떻게 시청자를 웃길 수 있겠나. 내가 볼 때 빨리 다른 길을 찾아보는 게 나을 것 같은데."

그런데 그 남자가 다름 아닌 국민 MC 유재석이라면?

유재석이 10년에 가까운 혹독한 무명 시절을 거쳤다는 건 많은 사람이 알고 있다. 무명이라서 겪어야 했던 에피소드도 적지 않다.

정육점 앞에서 팬 사인회를 한 적이 있다. 사실 아무도 알아보지 못하던 시절이라 사인회를 한다는 것 자체가 말이 안 되었는데, 지

유재석 TV
도전! 무명에서 유명으로

**일인자
유재석**

인의 소개로 간 것이다. 시장 골목에 있는 한 정육점 앞에서 합판을 세워두고 그 위에 음료수를 놔둔 채 가만히 앉아 있었다.

    10분이 지났는데 사인을 받으러 오는 사람이 단 한 명도 없었다. 사장님도 초조하게 그를 바라보기 시작했고 그때 지나가던 한 분이 유재석을 쳐다봤다. 재석은 그분을 놓치면 안 될 것 같아서 손목을 확 붙잡았는데, 그분은 재석을 보더니 무표정하게 "뭐 하는 거냐?"고 물었고, 재석은 얼굴이 화끈거렸다.

    1시간 동안 사인을 해준 사람은 달랑 두 명이었고, 행사 사례비로 받은 건 검정 비닐봉지에 싸인 고기 두 근이었다.

    어느 해 겨울, 유명 가수들이 출연하는 행사의 MC가 펑크가 나서 유재석이 갑자기 사회를 보게 되었다. MC료가 거금 80만 원이었다. 행사를 마치자 주최 측에서 준비된 돈이 없어서 입장료 받은 돈으로 주었는데, 80만 원이 몽땅 동전과 천 원짜리였다. 안 받을 수도 없어서, 받아서 어디에 담아서 가져가나 하며 주위를 둘러보았다. 검정 비닐봉지가 눈에 띄어 그 안에 넣고 돌돌 말아서 들고 나갔다.

    이미 유명 연예인들은 매니저와 함께 모두 빠져나갔고 재석만 쓸쓸하게 봉지를 손에 들고 걸어 나가고 있었는데, 스무 명 정도의 학생들이 재석을 보더니 조금 전 MC 보던 사람이라면서 재석에게 몰려왔다. 재석은 갑작스러운 상황에 놀라 당황해서 걸음을 빨리

하기 시작했는데 검정 비닐 봉지가 재석의 무릎에 부딪쳐 터져버렸다.

때마침 불어온 겨울바람에 돈은 여기저기 날리고, 여학생들은 쳐다보고, 순간 재석은 고민한다. 그래도 연예인인데 그냥 가? 그럴 수는 없었다. 아무리 천 원짜리 지폐와 동전이지만 큰돈이었기에 창피함을 무릅쓰고 줍기 시작했다.

그때 한 여학생이 다가오더니 떨어진 동전들과 천 원짜리들을 줍기 시작하는 거였다. 재석은 너무 고마워서 미소 지으며 봉지를 내밀었다. 그런데 그 학생은 주운 돈을 들고 달아나버리는 게 아닌가! 재석이 황당해 바라보고 있는 사이, 다른 학생들도 우르르 몰려와서 돈을 주워 가는 바람에 MC료의 절반도 건지지 못했다고 한다.

이렇게 굴욕적인 일들을 많이 겪으면서 무명 시절을 보냈는데, 먼 훗날 박미선이 물어본다.

"무명 시절이 참 길었는데, 그때는 이 정도로 잘될 줄 알았어요?"

"몰랐죠. 그만두려고 했죠."

재석의 솔직한 대답에 박미선이 다시 묻는다.

"그럼 왜 안 그만두신 거예요?"

재석은 황당해하면서 말한다.

"학창 시절에는 정말 언제나 웃긴 학생이었어요. 늘 재미있다는 말을 들었기에 건방졌던 거죠. 내가 TV에 나오면 1년 안에 난리가 날 줄 알았거든요."

**일인자
유재석**

어린 시절, 재석은 열두 살

재석은 여동생이 두 명 있는데 재석을 놀린 적이 많았다고 한다. 어느 날, 재석을 울게 한 사건이 터지고야 말았다. 재석이 집에 와보니 여동생들이 자기의 보물 1호인 경찰차를 꽁꽁 숨겨놓은 것이다.

재석은 복수를 결심하고, 여동생들이 가장 아끼는 인형인 미미와 토토 중에서 토토를 지목한다. 여동생들이 자리를 비운 사이 토토의 머리를 확 밀어버린다. 삭발식을 감행한 것이다. 돌아온 여동생들은 삭발한 토토를 보고 울고불고 난리를 쳤는데, 토토 옆에는 재석이 써놓은 쪽지가 있었다.

토토, 군대 간다.

초등학교 때는 집안 사정으로 세 번이나 전학을 다녔다. 그래서 친한 친구를 많이 만들지 못했다. 수줍음을 잘 타는 성격은 아마도 이런 환경에서 기인했을 것이다. 하지만 동시에 남을 웃기는 데도 열심이었고 오락 시간만 되면 사회를 도맡아보고 수업 시간에도 엉뚱한 대답으로 교실을 뒤집어놓는다. 예를 들면 이런 식이다.

선생님 재석아, 넌 무슨 띠니?

유재석 땀띠요.

지금 생각하면 손발이 오그라드는 것도 모자라 없어질 개그지만, 당시의 아이들은 웃긴다고 난리였고, 아이들의 반응에 초등학생 재석은 자신이 참으로 웃기는 녀석이라고 생각했다.

초등학생 재석은 한편으로 겁이 많고 소심한 아이였다. 아버지는 엄한 분이셨는데, 재석이 6학년이 되던 해 이렇게 말씀하신다.
"재석아, 이제 너도 6학년이 되었으니까 혼자 자도록 하거라."
재석은 기가 막히고 코가 막혔다.
"아니, 아버지. 그럴 수는 없습니다."
하지만 아버지는 재석의 말을 듣지 않았고, 그날 재석은 혼자 잠자리에 들어야 했는데, 도통 잠이 오지를 않았다. 그렇다고 여동생 방에 가서 자면 보나마나 새벽에 아버지한테 혼날 것이었다. 계속 잠이 안 오자 재석은 여동생 방문을 연다. 곤하게 자고 있는 두 명의 여동생. 재석은 미소를 짓더니 한 동생을 안고 자기 방으로 데리고 와 옆에 눕힌다.

그래도 재석은 공부는 잘했다. 6학년 때 반장이 된다. 하지만 당시 체신부 공무원이셨던 아버님의 수입은 그리 넉넉한 편이 아니었다. 뇌물 따위는 거들떠보지 않는 청렴결백함도 일조했다. 그래

**일인자
유재석**

서 반장을 해도 육성회비를 낼 돈이 없었다. 반장이 된 후 재석은 학교에서 어머니를 자주 보게 된다. 학교 화단과 교문 앞에 말끔하게 청소하시는 모습을 보는데,

"엄마가 왜 학교를 청소해?"

"응, 우리 재석이가 반장이 됐으니까 엄마도 학교를 위해 뭔가 도움이 되고 싶어서."

초등학생 재석은 왜 어머니가 학교에 오셔서 청소를 하시는지 알 까닭이 없었다. 나중에서야 어머니가 기부금을 낼 형편이 되지 않아 청소하는 것으로 대신했다는 것을 알았고, 많이 울었다고 한다.

이 이야기는 2004년에 잡지『좋은 친구』에 유재석이 기고한 사실이, 2012년 한 커뮤니티를 통해 알려지면서 화제가 되기도 했다.

유재석이 사는 동네의 한 야채가게 주인에 의하면, 유재석의 어머니는 무척이나 겸손하고 친절한 분이시라고 한다. 유재석의 성품은 어머니에게 물려받은 게 아닌가 싶다. 비록 어릴 때 수도 호스로 많이 때리기는 하셨지만.

공부를 잊은 그대에게, 비바청춘

초등학교 시절부터 개그에 자신 있던 재석이 구체적으로 개그맨이 되고 싶다는 꿈을 갖게 된 건 중학

교에 올라가면서다. 수유 중학교 1학년 때 〈유머 1번지〉의 영구, 심형래를 보고 감동을 먹은 것이다.

 이때 먹은 감동이 맛있어서일까, 이때 품었던 소망이 간절해서일까, 심형래를 롤 모델로 삼은 중학생 유재석은 세월이 흘러 심형래 지네의 세 번째 다리가 된다. 심형래가 감독 주연한 영화 〈티라노의 발톱〉에서 기꺼이 발톱, 아니 원시인이 된다.

 중학생 재석의 성적은 급격히 떨어진다. 이유가 있다. 놀았다. 노는 데 치중한 이유가 있다. 재미있기 때문이다. 하지만 부모님도 재미있을 리는 없다. 아버지의 불호령이 잦아졌다. 성적표가 부끄러운 시절 누구나 한 번쯤은 해봤을 기억, 성적표 고치기를 재석도 했다. 필기체가 좋은 친구까지 섭외하여 개조했지만 실패하고, 얼굴이 곰발바닥이 되도록 맞았다.

 재석은 용문고등학교에 들어가는데, 그때까지도 자신의 꿈을 마음껏 드러내지 못한다. 그래서인가, 2011년 8월 8일 방영된 SBS 〈배기완 최영아 조형기의 좋은 아침〉에서 재석의 고등학교 생활기록부를 공개했는데, 진로 상담란에 1학년 때는 연세대 경영학과, 2학년 때는 예체능이라고 적었지만, 3학년 때는 정치외교로 되어 있고 부모님 작성란에도 정치외교로 되어 있다. 아마도 부모님과는 큰 대화가 없었던 시기였기에, 페인트 모션 차원이 아닌가 한다. 재석의 부모님은 자식이 개그맨이 되려고 한다는 건 꿈에도 몰랐다고 한다.

유재석 TV
도전! 무명에서 유명으로

일인자
유재석

    고등학생 재석에게 개그맨의 꿈을 확실하게 각인시켜준 계기가 있었다. 당시 각 고등학교를 순회하며 진행하는 KBS의 〈비바 청춘〉이라는 프로그램이 있었다. 학생들이 관심 주제를 놓고 토론도 하고 재주 있는 학생들이 뽑혀 프로그램을 꾸미는 고등학생 판 〈우정의 무대〉다.

    유재석이 고등학교 2학년 때, 방송 제작진이 학교를 찾아온다. 이른바 사전 답사였는데 '우리 학교 명물'이라는 코너를 위해 '학교에서 누가 가장 엉뚱한가?'를 투표했는데 재석이 당당히 1위에 선정된다.

    재석은 바로 콩트 준비에 들어간다. 사회자인 원종배 씨의 소개로 등장한 재석은 당시 홍콩 느와르의 대표적 작품인 〈영웅본색〉의 주윤발을 패러디하여 좌중을 웃긴다. 말도 안 되는 중국말을 지껄이며 장렬하게 죽음을 맞는 장면인데, 결론은 큰 것(?)이 마렵다는 내용이었다.

    재석의 콩트는 반응이 좋았는지, 그해 방영한 〈비바청춘〉에 출연한 각 학교 학생들을 모아 특집으로 꾸민 1989년 송년 특집에도 출연하게 된다. 현재 KBS 본관 옆의 IBC홀이 있는 곳에서 15일 동안 합숙을 하면서 연습을 한다.

    연습한 지 이틀이 지났을 때, 친구 '찍새'가 찾아온다. 수업을 마치고 응원을 하러 왔다는 찍새는 잠시만 있다 간다는 말이 무색하게 무려 15일간 함께 합숙하고 결국 방송 출연도 함께한다. 어찌나 친화력이 좋았는지, 피디들과 친해진 후 학교 선생님께 말씀을 잘해달라고 떼를 써서 결국 15일 결석을 요청하는 협조 공문을 받아낸 결과다.

재석의 친구 찍새는 10년 뒤에 엄청난 활약을 하게 된다. 송년 특집에서 재석이 준비한 콩트는 〈영웅본색〉의 2탄으로, 이번에는 공중전화 부스에서 임신한 아내와 통화를 하며 죽어가는 장국영을 연기한다. 재석은 수화기를 부여잡으며 힘겨워하고 있고, 천진난만한 배부른 아내는 재석에게 묻는다.

여학생 그런데 당신 닮은 아들 낳을까, 나 닮은 딸 낳을까?
유재석 야 이 가스나야, 니 닮은 딸 낳으면 그게 사람이가?

좌중은 뒤집어지고, 콩트의 결론은 이번에도 알고 보니 장국영은 화장실이 급했던 거라는, 본능에 충실한 내용이었다.

송년 특집에 함께한 고등학생들 중 우리가 알고 있는 사람들이 있다. 김지선, 정선희 그리고 가수 김경호다. 김경호는 1991년 대학가요제 동상으로 가요계에 들어오게 되고 5~6년의 무명을 거친 후, 2012년 국민 언니로 거듭난다. 김지선과 정선희는 훗날 KBS에서 같은 콩트에서 만나게 되는데, 유재석에게 메뚜기라는 희대의 별명을 붙여준 주인공이 정선희다. 또한 현재 왕성한 활동을 하며 개그맨들의 뺨을 치고도 남아 또 치는 예능 작가 최대웅도 그 자리

유재석 TV
도전! 무명에서 유명으로

일인자
유재석

에 같이 있었으니, 끼가 있는 사람들은 일찌감치 서로를 느끼며 같은 공간으로 모이나 하는 생각이 든다. 이런 상황을 사자성어로 말하면 '끼리끼리?' 아님 말고.

나도 충암고등학교 시절, KBS의 라디오 프로그램에서 하는 고등학생 대상 프로그램에 참여한 적이 있다. 제목은 정확하게 기억이 안 나는데, 앵커로 유명했던 신은경 씨가 사회를 봤던 것 같다. 친구들과 함께 라디오 콩트를 짜서 출연했는데, 비중이 거의 없는 역할이어서 그런지, 친구들만 기억하고 있다.

서울예대 비밀 상륙작전

1991년, 재석은 동국대학교 경제학과에 낙방한다. 하지만 좌절하지 않는다. 오히려 비밀 작전을 수행하는데, 서울예대(전 서울예전) 방송연예과에 지원한다. 아버지에게 말씀을 드리지 않고 혼자 내린 결정이었다. 동국대학교 경제학과에 지원했을 정도니 서울예대는 당연히 합격했지만, 부모님께 어떻게 말씀을 드려야 할지 걱정하면서도 한편으로는 어릴 적부터 조심스레 키워왔던 꿈을 실현할 수 있는 시간이 가까워졌다는 생각에 기쁘기 짝이 없었다.

1984년, 나도 서강대학교 국문과에 낙방을 한다. 담임선생님은 내 학력고사 점수면 고대 사범대 국어교육과에 가능할 것이라 했는데, 이상하게도 사범대는 가기 싫었다. 지금 생각하면 국어국문학과나 국어교육과나 그게 그건데, 오히려 국교과 쪽이 교사자격증까지 딸 수 있어 좋은데, 고등학교 3학년생인 나는 바보같이 그걸 몰랐다.

난 그저 문학을 공부해서 소설가가 되고 싶었고, 그러려면 무조건 국문과를 가야 한다고 생각했다. 이상하게도 교사라는 직업은 싫었다. 국교과에 간다 해서 선생님이 된다는 보장도 없는데 왜 그랬는지 알 수가 없다. 내가 싫었던 게 하나가 더 있었다.

재수. 당시의 꽃다운 나는 재수를 한다는 건 죽기보다 싫었다. 나 역시 부모님께 말씀드리지 않고 비밀작전을 전개했다. 나의 누나 세 명 모두 한 번에 대학을 들어갔기에, 우리 부모님이 내가 대학에 떨어진 걸 알면 재수를 권할 거라는 걸 알고 있었다. 서울예대를 찾아가 문예창작과에 원서를 접수했다. 소설『광장』의 저자 최인훈 교수님이 계신 걸 알고 당장 지원을 한 것이다.

유재석의 부모님 역시 낙방한 아들 재석을 위한 재수 준비를 해놓고 있었다. 재수 학원비부터 목표 대학까지 이미 결정되어 있었다. 하지만 언제까지나 숨길 수는 없는 법, 결국 재석은 서울예대 합격 소식을 말씀드린다.

한바탕 소동이 있었다. 가장 실망하신 분은 아버지였다. '이제 내 품안의 자식이 아니구나' 생각을 하면서도 무척이나 섭섭하셨다고

일인자
유재석

한다. 그렇지만 아버지는 대인배셨다. "너도 이제 스스로를 책임질 나이"라면서 재석의 결정을 인정하신다.

한바탕 소동이 일어난 건 우리 집도 마찬가지였다. 내가 서울예대에 지원했다는 걸 알고 누나들을 중심으로 재수 작전에 들어갔다. 난 흔들리지 않았다. 내 마음은 이미 서울예대 문창과에 가 있었고, 본격적으로 문학 공부를 한다는 생각에 두근거리고 있었다. 전문대를 가는 것보다 1년 고생하더라도 4년제를 가는 것이 좋다는 걸 아무리 얘기해도 난 요지부동이었다.

그런데 둘째 누나가 섭외해 온 한 사람과 얘기해보고 재수를 결정했다. 둘째 누나 친구의 남동생이었는데, 서울예대 영화과에 입학했다가 때려치운 형이었다. 서울예대에 들어가면 나한테 어떤 점이 안 좋을지, 재수가 얼마나 즐거운 과정인지, 유명한 스타급 학원 선생님은 어느 학원에 어떤 분인지 등에 대한 깨알 같은 정보를 준 것이다.

유재석은 서울예대 방송연예과 91학번이 된다. 입학식이 있는 날, 그의 친구 '찍새'가 찾아오고, 찍새는 과 친구들과 인사를 나누고 뒤풀이도 따라와서 함께 술을 마신다. 다음 날도 찍새는 학교에 오고, 그다음 날도 찾아온다. 찍새는 재석보다 과 친구들과 친해졌고, 학교에 열심히 다니는데, 과 친구들은 찍새가 같은 과 친구인 줄 알았다고 한다. 재석의 친구 찍새의 활약상, 다시 등장하니 기대하시라.

아직 찍새가 서울예대 방송연예과 학생인 줄 알고 있던 그해 4월 어느 날, 교내에 재석의 눈을 붙잡는 공고문 한 장이 붙는다. 〈KBS 제1회 대학 개그제〉. 생각을 하고 말고 할 게 없었다. 운명이었다. 그 공고문은 초등학생 때부터 재석을 지켜보고 있던 웃음의 신 개그제우스가 붙인 성스러운 명령문이었다.

대회는 5월이기에 준비 기간은 길게 잡아야 한 달. 그 한 달이 자신의 인생을 바꿀지도 모른다는 생각에 재석의 가슴은 벅차오른다. 고등학교 시절 출연했던 〈비바청춘〉에서 알게 된 친구이자 서울예대 동기인 최승경과 함께 아이디어를 짜고 모창, 성대모사, 애드리브 등 짜낼 수 있는 온갖 아이디어를 동원한다. 나중에 성우가 되는 친구 전태열의 집에서 먹고 자며 매일같이 개그 연습에 몰입한다.

이제 갓 신입생이 되었는데 대학 개그제에 참가하려고 학교생활에 소홀한 게 소문이 나서인가, 어느 날 교수님이 재석을 찾는다.

"방송은 그렇게 간단한 게 아니다. 일단 주변을 정리하고 차분하게 준비하는 것이 좋을 것 같다. 무턱대고 성급하게 달려드는 모습이 걱정된다"고 하셨다. 하지만 교수님의 우려도 재석의 발걸음을 멈추게 할 수는 없었다.

일인자
유재석

KBS 대학의 개그 벌레들

유재석을 개그맨으로 만든 건 1991년 5월 4일 개최된 〈KBS 제1회 대학 개그제〉다. 1회라는 얘기는 그 전에는 없었다는 건데, 맞다. 대학 개그제가 아니었다면, 우리는 아마도 유재석이라는 개그맨을 보기 어려웠을 것이다.

KBS는 무슨 이유로 대학 개그제라는 걸 만들었을까. 그전에는 개그맨을 어떻게 뽑았을까. 고교 개그제가 있었나, 아니면 박사 개그제가 있었나. 이 부분을 이해하려면 1991년 무렵의 대한민국 방송계를 살펴봐야 한다.

1991년, 대한민국 방송에는 일대 변화가 생긴다. 그동안 KBS와 MBC가 사이좋게 양분해오던 구도가 깨진다. SBS가 개국한 것이다. 당시의 예능 프로그램은 주로 콩트를 기반으로 하는 코미디 프로그램이 주류를 이루고 있었는데 KBS에 거대한 공룡이 있었다.

그것도 두 마리나 있었는데, 최근 주소록 개편에 따라 제목마저도 고전의 반열을 느끼게 하는 프로그램인 〈유머 1번지〉가 토요일 저녁을 주름잡고 있었고, 일요일 저녁에는 공개 코미디 〈쇼! 비디오자키〉가 떡하니 버티고 있었다.

〈유머 1번지〉는 자그마치 1983년 봄에 시작하여, 1980년대를 수놓은 코미디 전성시대를 알린 프로그램이다. 7080세대라면 이름만 들어도 추억이 방울방울, 미소가 배실배실, 똥꼬가 아릿아릿해지는 걸 느낄 것이다. 변방의 북소리, 회장님 우리 회장님, 동작그만, 청춘을 돌려다오, 영구야 영구야, 탱자 가라사대에서 '칙! 칙!' 소리가 귓가에 선한 내일은 참피언까지…… 열기로 숨이 벅찰 정도다.

〈쇼 비디오자키〉는 1987년 시작하여 1991년까지 방영되었는데, 주로 스튜디오에서 촬영한 〈유머 1번지〉와는 다르게 DJ 김광한이 진행한 공개 코미디 방식의 프로그램이었다. 지금의 〈개그콘서트〉와 유사하다고 보면 된다. 마찬가지로 쟁쟁한 코너들이 춘추전국을 이루고 있었다. 도시의 천사들, 시커먼스, 쓰리랑 부부, 네로 25시, 벌레들의 합창에서 동물의 왕국까지. 당시 MBC의 주말을 초토화시키고 있었다.

여기서 한 가지 주목할 건, 코미디언들이 콩트를 하는 코미디 프로그램의 진행을 DJ가 보고 있다는 점이다. 허경환의 표현대로라면 "개그맨이 하는 프로그램의 MC가, 개그맨이 아니라는 점~~~"이다.

여담 하나. 개콘으로 치면 '감수성' 같은 유의 코너였던 〈유머 1번지〉의 '변방의 북소리'가 폐지된 사연이 있다. 보안사 담당관이 와서 이런 얘기를 했다고 한다. "휴전선 부근에 배치된 사병들의 사기에 지장을 주니 없애달라." 김제동이 늘 하는 얘기인 "정치인이 코미디를 그만두면 우리도 정치를 계속하겠다"는 말이 어쩜 그리도 딱 들어맞는지 모르겠다.

유재석 TV
도전! 무명에서 유명으로

일인자
유재석

변방의 병사들이 어리버리하게 나오는 게 우리 국군 장병의 사기를 꺾는다면, '감수성'을 본 장병은 마음이 여려져서 향후 전쟁이라도 발발하면 큰일 아닌가.

심형래, 김형곤, 최양락, 김한국, 김미화, 장두석, 이봉원 등의 인기가 하늘을 찔렀다. 1991년 봄의 〈유머 1번지〉 400회 특집에는 당대 최고의 홍콩 스타 주윤발이 출연했을 정도다.

하지만 슬랩스틱 연기를 주로 하는 소위 정통 코미디에 대항하는 또 다른 움직임이 서서히 일어나고 있었는데, 당시의 일반적인 생각인 '코미디 프로그램은 희극인이 하는 콩트'라는 생각에 의문을 품는 사람들이 생기고 있었다. 그분들이 암약하고 있던 지역은 KBS에 눌려 기도 못 피고 있던 MBC였다.

일요일 저녁 MBC의 예능은 〈일요일 밤의 대행진〉이었고, 개그맨 김병조가 MC를 보고 있었다. 개그맨 출신 최초의 MC다. 1987년 6월, 김병조가 정치적인 설화 사건에 휘말리기 전까지는 잘나갔던 프로그램이었지만, KBS의 〈쇼 비디오자키〉에 밀려 고전하고 있었다.

〈일밤〉을 재건하라는 임무가 젊고 잘생긴 피디 송창의(현재 tvN 본부장)에게 떨어진다. 제목도 〈일요일 일요일 밤에〉로 바꾸고 재건을 모색하는데, 심오한 화두를 내건다. '1990년대의 코미디란 무엇인가?'를 선포하고 깊은 성찰에 들어간다.

그리하여 결국, 생각을 바꾼다. 반드시 콩트를 해야만 웃기는 건가? 반드시 코미디언이 콩트를 해야 웃기는 건가? 지금 보면 지극히 당연한 질문이지만, 당시에는 그 누구도 감히 생각하지 못했던, 혁신적인 질문이었다.

그렇게 해서 〈일밤〉은 1990년대 코미디의 새로운 방향을 제시한다. '토크 코미디 쇼'. 메인 MC인 주병진을 축으로 콩트 연기는 잘 못했지만 말빨이 무지하게 셌던 신인 개그맨 이경규, 당시 〈호랑나비〉로 대한민국을 뒤집어놓고 있던 가수 김흥국, 여기에 1978년 MBC 대학가요제에서 〈돌고 돌아가는 길〉을 부르고 계속 돌아가고 있던 12년 무명 가수 노사연이 전면에 나선다. 내용은 '콩트 없는 코미디 프로그램'을 표방했기에 이런 코너들로 꾸며진다. '배워봅시다', '일요진단', '정다운 이웃' 그리고 대한민국 예능에 한 획을 그은 코너인 '몰래카메라'. 1990년 3월에 첫 방송을 시작하여 서서히 시선을 끌다가 수영장에서 가수 유열이 머리를 감을 때 뒤에서 계속 샴푸를 부어 당황하게 했던 몰래카메라가 빵! 터지면서 일요일 저녁의 강자로 부상하게 된다.

이렇게 MBC에서는 새로운 스타일의 코미디를 선보이고 SBS가 개국하는 등 난데없는 상황들이 전개되자, KBS 역시 가만히 있을 수 없었다. 기존의 방식으로 웃기는 코미디언이 아닌, 말을 중심으로 참신한 아이디어로 웃음을 만들 개그맨을 뽑기로 결심한 게 바로 〈KBS 제1회 대학 개그제〉인 것이다.

**일인자
유재석**

    풋풋한 대학 1학년 유재석의 눈을 사로잡은 당시 공고를 보면 '코미디 프로그램의 질적인 향상을 도모하고, 대학생 중심의 건전한 코미디로 문화 형성의 터전을 마련하고, 대학의 학구적인 이미지와 연계해 코미디의 고급화를 유도하기 위해 실시'한다고 되어 있다. 12팀 선발에 대상 1명, 금상 1명, 은상 2명에는 장학금과 해외여행을, 동상 3명에는 장학금을, 장려상 5명은 트로피만 주어졌다.
    대학생으로만 한정지어서 그런가, 전국에서 지원한 대학생은 남자 102명, 여자 30명으로 고작 132명이 응모했다. 1차 실기와 2차 카메라 테스트와 즉흥 연기를 거쳐 방송으로 녹화되는 3차 결선에는 10팀 15명이 진출한다. 결선 진출이라는 건 이미 개그맨이 되었다는 것이고 어떤 상을 받을 것이냐를 겨루는 것이었다.
    1991년 5월 4일, 대학 개그제는 열렸고, 최승경과 콤비로 나온 유재석은 〈개그 칼럼〉이라는 일종의 스탠딩 개그였다. 당시 세인의 이목을 끌었던 '안재형과 자오즈민의 결혼'과 '페놀 사건'을 풍자한 내용이었다.

승경 네, 이번 시간에는 화제가 되고 있는 기삿거리와 아름다운 영상을 모아서 보여드리겠습니다. 그럼 먼저 화제가 되고 있는 CF의 한 장면을 보시죠.

재석 (어린이 성대모사) 어, 페놀 우유다 (마시고 목소리 변조)

대회 결과는 다음과 같다.

대상 : 김용만 양원경
금상 : 이영재
은상 : 남희석 / 전효실
동상 : 박수홍 / 박병득 임태영 / 김국진 금병완
장려상 : 김수용 / 윤기원 엄정필 / 최승경 유재석

지금 봐도 쟁쟁한 개그맨들이 입성한 것이다. 그런데 장려상으로 호명되고 수상을 하러 객석에서 내려오면서 재석은 평생 잊지 못할 실수를 저지른다. 기분이 좋지 않은 표정을 하고 손으로 귀를 후비는 행동을 한 것이다. 도대체 왜 그런 걸까.

1991년 당시만 해도 재석은 세상에서 자신이 가장 웃기는 사람이라고 생각했다. 그렇기에 대학 개그제에서 꼴찌라고 할 수 있는 장려상을 수상했을 때 이해가 가지 않았던 것이다. 그렇기 때문에 수상하러 나가면서 귀를 후비는 건방진 행동이 나왔던 것이다. 근데 왜 하필이면 귀를 후볐던 걸까. 그 이유는 확실하다. 코를 후빌 수 없었기 때문이다. 그렇다고 입을 후빈다는 건 생각만 해도, 우웩~이다.

물론 훗날 재석은 당시 자신의 행동에 대해 크게 부끄러워하고 후회를 한다. 자신이 정말 건방졌던, 아무것도 몰랐던 햇병아리였

일인자
유재석

다는 거다. 어쨌든 유재석은 정식으로 개그맨이 되었는데 만약에 떨어졌다면 어떤 일이 일어났을까. 생각만 해도 끔찍하다.

당시 KBS가 대학생만을 대상으로 한 공채를 했다는 것, 1991년 SBS가 막 개국해서 개그맨들의 이적 움직임이 있었다는 것, 기존의 콩트 코미디만이 아닌 새로운 스타일의 코미디를 찾고자 했다는 점이 1991년 갓 대학에 들어온 1학년생 유재석이 대학 개그제에 응시하고, 불과 100여 팀 정도만 지원하고, 본선 진출자 거의 모두에게 상을 주는 대회에서 그마저도 꼴찌로 붙었다는 건 대단히 의미심장한 사건이다.

아마도 웃음의 신인 개그제우스가 웃기고 자빠지고 있다며 한국의 만 19세 청년이 갸륵해서 턱걸이로 집어넣어 준 게 아닐까. 아예 기회조차 주지 않으면 개그공화국에 영원히 못 들어올 것을 우려해, 살짝 문 열어주고 들어오게 한 다음, 네가 알아서 살아남으라고 한 것은 아닐까. 시련을 통해.

재석은 개그 하나 마나

이렇게 해서 재석은 만 19세의 나이에 KBS의 공채 개그맨이 되었다. 학교는 더 이상 다닐 수 없었다. 그렇다고 그만둘 수는 없었고, 대리 출석으로 연명하였다.

매일 오전 10시에 방송국으로 출근해 오후 10시에 퇴근하는 생활이 시작됐다. 신인 개그맨들이 출연하는 5분 남짓한 코너를 짜기 위해 일주일 내내 아이디어 회의를 하고 연습을 했다. 그러기를 6개월 정도 했을 때, 재석은 점점 희망을 잃어가기 시작했다.

사실 같이 들어온 동기들이 그와 비슷한 상황이었다면 그렇게까지 괴롭지는 않았을 것이다. 신도 무심하시지, 같이 들어온 녀석들은 지금 생각해봐도 정말 웃기는 놈들이었다. 김국진, 김용만, 박수홍, 김수용, 남희석, 양원경. 대학 개그제를 할 때만 해도 모두가 자기보다 한 수 아래라고 생각했는데, 막상 한솥밥을 먹고 나니 자기보다 훨씬 웃겼고, 무엇보다 카메라 앞에서도 전혀 떨지 않고 웃길 줄 아는 놈들이었다는 것이다.

재석에게도 기회는 주어졌지만, 기대에 충족하지 못하는 모습을 보여준다. 웃기지 못한다. 카메라가 없을 때, 사석에서는 나름 같이 있는 사람들을 웃게 만들었는데, 이상하게도 무대 위에만 올라가면, 카메라에 불만 들어오면 사시나무 떨듯 떨었다. 당시의 모습을 지금의 정형돈이 봤다면 뭐라고 그랬을까? '웃기는 것만 빼고 나쁘지 않은데?' 하지 않았을까.

재석은 의욕을 잃는다. 목표를 상실해간다. 개그맨만 되면 1년 안에 대한민국을 뒤집어놓을 수 있다고 자신만만했지만, 1년 안에 자신이 뒤집어지고 있었던 것이다.

어느 날 문득, 친구들이 보고 싶어져 학교를 찾아간다. 근처에

일인자
유재석

있는 호프집에서 못하는 술을 깨작거리다가 그곳에서 아르바이트를 하고 있는 같은 과 동기 김태균(컬투)을 만난다. 태균은 재석보다 더 할 일이 없었음에도 불구하고 밝은 표정을 잃지 않고 있었다. 넉넉한 웃음에 여유가 있는 그의 말투에 재석은 잠시나마 위안을 얻는다.

김태균에게 깊은 가르침을 받은 걸까. 다음 날부터 재석은 방송국으로 출근하지 않고 호프집으로 출근한다. 태균과 함께 맥주잔을 나른다. 물론 오징어와 땅콩도 나른다. 몸은 힘들었지만 마음만은 편했다. 짬짬이 태균이와 함께 고민을 나누고 앞으로의 계획을 얘기하며 울적한 마음을 달랜다.

만약 유재석이 계속 맥주잔을 날랐다면 대한민국 예능의 역사는 과연 어떻게 바뀌었을까. 우리의 신 개그제우스는 재석에게 사람을 보내기로 결심하신다. 동기 김용만과 김수용, 박수홍이 호프집을 찾아온다. 맥주잔을 나르고 있던 재석을 보자마자 얘기한다.

"너 여기서 그만두면 어떻게 하냐? 다시 방송국으로 가자. 단역이라도 열심히 하면 언젠가는 기회가 오지 않겠니?"

귀가 얇은 재석은 바로 방송국으로 온다. 여기서 궁금해지는 것 하나. 다시 혼자가 된 김태균은 언제까지 맥주잔을 날랐을까. 재석의 빈자리를 채운 알바생이 혹시 정찬우?

돌아온 재석과 함께 신인 개그맨 다섯 명은 역시 5분짜리 콩트를 준비했다. 세계적인 팝스타와 국내 가수들을 흉내 내는 코너 '개그비전 송 콘테스트'였다.

　김용만을 비롯한 일당 다섯 명은 벽돌 위의 새로운 애들인 '뉴키즈 온 디 블록'으로 분장을 하고 무대에 나섰다. 사실 춤을 연습하면서 그들은 조마조마했다. 왜냐하면 뉴키즈 온 더 블록은 당시 10대들에게 폭발적인 인기를 얻은 한 몸, 아니 다섯 몸에 받고 있었기 때문이다. 자칫 어설프게 보여줬다가는 안 하느니만 못한 결과를 가져올 수도 있었기 때문이다.

　뉴키즈 온 더 블록의 히트곡 〈단계 옆 단계(Step by Step)〉가 신인 개그맨 김용만 박수홍 남희석 김수용 유재석의 무대가 시작되었고, 며칠 밤낮으로 준비한 춤을 췄다. 지금 자료 화면으로 보면 재석의 막춤이 웃음을 자아내지만, 당시의 평가는 대성공이었다.

　선배 개그맨들의 코미디가 이어질 때는 가만히 있던 10대 방청객들이 신인 개그맨의 공연에서는 소리를 지르고 그야말로 난리 블루스였다. 분장실에 있던 선배들까지 무슨 일이 난 줄 알고 뛰어나왔다고 한다. 아마도 재석에겐 개그맨을 향해 환호하는 관객들 앞에 선 첫 경험이었던 것 같다.

　그날 이후 재석도 조금은 자신감이 생긴다. 단역이지만 고정 배역도 들어온다. 〈한바탕 웃음으로〉에서 '아빠와 함께 춤을'이라는 코너에서 귀여운 딸 역할을 맡는다. 비교적 날씬한 몸매였기에 여자 목소리 흉내를 내며 좌충우돌하는 내용이었다. 하지만 재석의 연기는 피디들에게 만족을 주지 못한다. 선배들은 걱정을 하기 시

일인자
유재석

작한다.

이봉원의 말이다.

"예전의 유재석은 같이 연기도 해보고 콩트도 해봐서 잘 아는데 정말 걱정을 많이 했다. 결정적으로 연기가 너무 뻣뻣해 나무토막인 데다 어색의 선봉장이었다. 유재석과 송은이가 콩트를 같이 한 적이 있었다. 송은이는 피디들이 원하는 이상으로 연기를 해 각별히 사랑을 받았는데, 유재석은 기본 이하의 평가를 받았다. 한번은 진지하게 '재석이에게 맞는 일이 과연 개그밖에 없을까'를 피디와 함께 고민한 적도 있었다."

김국진이 김용만과 함께 몇 마디만 던져도 소녀들을 자지러지게 하고 있을 때, 박수홍이 서태지와 아이들과 함께 춤을 추며 소녀 팬들의 함성에 둘러싸여 있을 때, 신생 방송국인 SBS에서 '안녕하시렵니까?' 하며 신동엽이라는 친구가 데뷔하자마자 대한민국을 뒤흔들고 있을 때, 같이 방송을 시작한 동기이자 또래인 유재석은 코너가 없어지고 있었다. 어쩌다 배역이 들어와도 포졸 1, 지네 뒷다리였다. 영화에도 캐스팅되었지만 〈티라노의 발톱〉의 발톱, 아니 원시인이었다. 대사는 '워~ 워~ 워'.

어느 날 들어온 역할은 비서. 동기인 김용만이 국회의원이었고 재석은 비서였다. 피디에게 그 역할만 잘하면 다음에 더 큰 역할을 주겠다는 언질까지 받았다. 하지만 고질병인 카메라 울렁증은 기어이 재석을 피해 가지 않는다. 수도 없이 NG를 냈고, 그 피디는 더는 재석을 찾지 않았다. 다른 피디들도 재석을 외면하기 시작한다.

한 블로거는 당시 '봉숭아학당'에서 학급 반장으로, 임하룡의 철부지 아들도 나름 열심히 연기하던 유재석의 모습에 어린 나이에도 '용쓴다, 용써……'라며 혀를 찼던 기억이 난다고 한다. 혼자서 덜덜 떨며 연기하는 모습이 보였다면서.

내겐 너무 얄미운 동기들

개그맨이 되기만 하면 1년 안에 대한민국을 뒤집어놓으리라는 유재석의 호언장담이 허언장담이었다는 것을 아는 데는 오래 걸리지 않았다. 기본적으로 재석은 개그맨으로서 어느 것 하나 특출난 것이 없었다. 얼굴이 옥동자도 아니었고 이휘재는 더더욱 아니었다. 몸이 이승윤도 아니었다. 몸 개그를 김병만처럼 한다는 건 꿈도 못 꿨다. 말하는 건 어느 정도 자신 있었지만 신동엽 급은 아니었다. 말투도 김국진을 따라갈 수가 없었다. 게다가 결정적으로, 카메라 앞에만 서면 한없이 작아졌다. 이러니 도대체 뭘 할 수 있었을까.

특히 같이 들어온 동기들은 잘나가는데 한없이 작아지던 자신의 모습이 너무도 초라해지는 게 힘들었다. 세월이 흘러 2000년 MBC의 〈아름다운 TV 얼굴〉에 '셀프카메라'에 출연해 했던 말에

일인자
유재석

이 시기의 심정이 잘 드러나 있다.

"거의 9년 만에 여러분에게 유재석이라는 이름이 알려진 것 같습니다. 중간에 포기하고 싶은 적이 많았습니다. 경제는 차치하고라도, 제 자신에 대한, 주변에 대한, 왜 연예인이 TV에 안 나오느냐, 농담이지만 그런 말 한마디 한마디가 상처가 되었습니다. 동기들 김용만 김국진 남희석 박수홍 유명한 인기 개그맨들인데, 솔직히 그분들 나올 때 TV를 안 봤습니다. 보기가 싫었습니다. 같이 커피 먹고 데뷔한 사람들인데 난 집에서 TV 보며 뭘 하고 있는 건가, 모르는 사람이면 편하게 볼 수 있었을 텐데, 전화만 하면 커피도 할 수 있는 사람들인데, 그 사람들이 나오면 TV를 안 봤습니다."

동기가 얼마나 잘나갔는지, 재석이 들어온 이듬해 〈KBS 제2회 대학 개그제〉가 개최되는데, MC를 본 사람이 이수만(현재 SM 엔터테인먼트 회장)과 김국진, 김용만이다.

KBS의 사외보인 『KBS 저널』 1992년도 4월호에는 〈한바탕 웃음으로〉를 분석하면서 "항상 신선한 웃음으로 정화되는 데에는 한 가지 이유가 있다. 대학 개그제에 입상하여 과감하게 기용이 된 제3세대 개그맨들의 대거 등장인데, 대표 주자가 시사 코미디인 'TV 수첩'의 김국진 김용만이다"라고 소개한다.

이렇게 쟁쟁한 동기들이 잘나가고 재석의 자리는 점점 밀리는데, 웃음의 신 개그제우스는 재석을 벼랑 끝에서 밀지는 않았다. 이적 파동. 동기인 김국진 김용만 박수홍 김수용이 1992년 MBC로 이적을 선언하면서 폭력 사태까지 일어나 결국 미국으로 도피성 유학을 하게 되는, 지금 생각해보면 이해가 가지 않는 사건이 발생한 것이다.

그 결과 KBS 신인 개그맨들의 자리가 당연히 넓어졌다. 재석에게도 좀 더 많은 역할들이 들어왔다.

하지만 구멍만 넓어지면 뭐하나. 재석은 제대로 끼우지도 못하는, 그야말로 개그계의 루저가 되어간다. 1년이 지나고, 2년이 지나고, 3년이 지나면서 재석은 그대로인데, 웃긴다는 후배들이 자꾸 들어오면서 재석의 자리는 자꾸만 밀려나기 시작한다. 고민이 많아진다. 내일 뭐하지, 내일 뭐하지…… 하며 〈잠 못 이루는 밤〉을 불러야 하는 날이 쌓여간다.

훗날 인터뷰에서 어떻게 그렇게 이미지가 좋을 수 있느냐, 관리하는 거 아니냐, 가식적이라는 말이 있는데? 라는 질문에 이렇게 대답할 수 있게 한 시절이다.

"하물며 제 주변 분들도 저한테 그래요. 너 그렇게 사는 인생이 방송 인생이지 니 인생이냐고, 하하. 제가 방송을 시작한 지가 내년이면 17년째가, 그래요. 그 시간 동안 일어난 일들은 이 짧은 인터뷰 동안 다 얘기하기 어려울 정도로 많아요. 수많은 좌절, 아픔, 남몰래 가슴 치며 울었던 시간들. 그 안에서 제가 느낀 여러 가지 감정들은 다 설명할 수가 없을 정도예요. 전 종교가 불교입니다만, 무명 시절에 밤마다 부처님께 기도했어요. 기회를 한 번만 달라고.

일인자
유재석

'부처님, 정말 제게 딱 한 번만 기회를 주시면, 그동안 절 위해 애써 주셨던 모든 분들에게 이 은혜를 평생 갚으면서 살겠습니다.' 그렇게 기도를 했어요. 그런 시절이 있었는데 그걸 어떻게 잊어요. 전 정말로 모든 게 감사해요."

이렇게 하루하루 힘들어하며, 기도하며 살았던 유재석. 개그에 미쳐 1991년 대학에 입학하자마자 5월에 응시하여 개그맨이 되었기에, 1994년 말, 재석은 결심한다, 군대.

마지막 전투 방위

군대에 가서 열심히 구르다 보면 모든 걸 잊을까 싶었다. 그런데 웬걸, 출퇴근하란다. 설상가상, 스타로 막 부상하는 놈이 동기란다. 스타보다 더 무서운 놈은 지가 스타인 줄 아는 놈이다. 근데 더 무서운 놈이 있다. 스타로 부상하는 놈이다. 스타가 눈앞에 펼쳐져 있기에 올라갈 일만 남은, 정말 눈에 뵈는 게 없을 시기다. 누구냐고? 이정재였다. 드라마 〈모래시계〉에서 경호만 해서인지, 이제는 재석이 그 친구를 경호해야 했다.

같은 연예인이라 어렵지 않게 친해졌고, 집도 같은 압구정동이어서 출퇴근을 함께하기로 한다. 방위 신분으로 차를 타고 다닌다는 게 쉬운 일은 아니었지만 압구정동에서 광명시까지 이정재와 하루씩 번갈아가며 몰래 각자의 차를 타고 다니기로 한다.

그러던 어느 날, 재석의 차에 낙서가 발견되는데, '정재 오빠, 사랑해요!'였다. 재석을 이정재의 매니저라고 착각한 것이다. 생각지도 못했던 무명 콤플렉스를 군대에 와서도 느끼게 될 줄은 몰랐다. 드라마 〈모래시계〉로 스타로 등극한 이정재의 사인을 받아오기 바빴다.

하지만 이 시기는 재석에게 적지 않게 중요한 시기다. 군대 동기 이정재를 보면서 자신감이라는 걸 배우게 된다. 스타가 되려면 자신감을 가져야 한다는 걸 이정재가 알려준 것이다.

또한 다시 방송국으로 가도 과연 나를 불러주는 사람이 있을까 불안에 떨면서 하루하루 자신에 대한 깊은 성찰을 하게 되는 시기이기도 했다.

스스로 싸구려가 되지 말자고 다짐을 한다. 모두들 내 연기를 보고 웃을 거라는 자기 최면을 걸면서 복귀할 날만을 기다리며 마지막 전투 방위를 성실하게 수행한다. 비록 현역은 아니었지만 이곳도 국방부 소속은 맞는 법, 시간은 흘러갔고, 마침내 1996년 6월 소집 해제 된다.

유재석 TV
도전! 무명에서 유명으로

일인자
유재석

방위 마치고 돌아온 7년차 신인 개그맨

사실 소집 해제 한 달 이전부터 걱정이 되긴 했다. 과연 자신을 다시 찾는 사람이 있을까, 하는 불안감이었다. 하지만 군대를 가기 전의 재석과 소집 해제를 앞둔 재석은 차이가 있었다. 자신감을 가졌다는 것과 어떤 역할이 들어오더라도 열심히 하겠다는 마음가짐이었다.

연예인이라는 직업은 기본적으로 기다리는 직업이다. 먼저 연락하기가 참 거시기하다. 재석도 마냥 기다릴 수밖에 없었다. 연락이 없었다. 하루하루 소집 해제가 가까워질수록 재석의 불안감은 커져갔다.

'결국 날 찾는 사람은 아무도 없구나.'

그때 한 피디가 재석을 찾는다. 강영원 차장. 〈코미디 세상만사〉에서 단역을 맡게 된다. 당연히 화려한 컴백은 아니었고, 이미 방송에서 자리를 잡은 김용만, 김국진, 박수홍 등과 비교할 생각도 하지 않았다. 다만 방송을 다시 하게 된 것이 재석은 진심으로 기뻤다.

진심을 가지고 열심히 한 것이 서서히 빛을 발한 건가. 소소한 단역부터 시작하여 재석이 맡는 역할이 조금씩 커지기 시작한다. 금요일 밤에 하는 〈코미디 세상만사〉의 콩트들이 재석이 놀던 무대였다.

사업이 망해 시골에 있는 처가에 얹혀사는 얄미운 사위로 나오는 '귀농일기', 백수 남편으로 나오는 '남편은 베짱이' 등에서 혼신의 힘을 다해 연기를 한다. 특히 백수 남편 역할은 데뷔 7년 만에 유재석을 아는 사람들을 생겨나게 한 코너다. 유재석에게 개그맨 타이틀을 확실하게 붙여준 사람은 김진홍 피디였다. 7년차 개그맨이지만 검증되지 않았던 개그맨 유재석을 '남편은 베짱이' 코너에 주연을 맡긴 것이다.

열심히 했다. '여기서 연기력을 인정받지 못하면 더 이상 내가 설 땅은 없다. 무조건 웃겨야 한다'는 각오로 했다. 물론 역할 덕도 봤다. 당시 우리나라는 IMF로 많은 사람들이 어려움을 겪고 있었기에 백수 남편에 대한 얘기가 공감을 자아낸 것이다.

또한 개그우먼 김숙의 감칠 맛 나는 사투리 연기가 재석을 받쳐주어 더욱 빛나게 한다. 지금 보면 무척이나 어색한 재석의 연기가 그나마 봐줄 수 있었던 건 오로지 옆에서 받쳐준 김숙이 있었기 때문이다.

인생사가 자기 혼자서 되는 건 아무것도 없다는 것을 조금이라도 느낀 시기가 바로 이때가 아니었나 싶다. 특히 자신에게 천부적인 재능이 없음을 파악한 재석에게 철저한 준비와 노력이 없다면 발붙이기 힘든 곳이 방송이라는 생각을 한 시기도 이즈음이다.

지금 유재석은 누구나 인정하는 국민 MC이지만, 유재석의 근본은 코미디언이요 개그맨이다. 심형래의 연기에 감동받아 개그맨에 대한 꿈을 키웠고, 실제 다양한 코너에서 콩트 연기를 하였기에 정

**일인자
유재석**

통 코미디라고 말하는 콩트에 대한 애착이 크다.

나중에 언급하겠지만, 유재석의 콩트에 대한 애정을 얘기할 때면, 예능에 관심 있는 대부분의 사람은 2003년 SBS의 〈코미디타운〉을 말한다. 하지만 유재석은 메뚜기로 자신의 인지도를 넓혀가던 2000년에도 콩트 연기를 열심히 하고 있었다.

KBS의 〈코미디 세상만사〉에서 '철없는 오빠'라는 콩트를 특이하게 탤런트 이세창, 박탐희와 함께했다. 내가 당시에 같은 프로그램에서 다른 코너인 '동서들의 저녁식사'의 대본을 썼기 때문에 알고 있다.

당시 나는 MBC에서만 예능 프로그램을 하다 처음으로 KBS의 프로그램을 했기 때문에 폭넓은 인간관계를 맺지 못했다. 더군다나 모든 코너의 작가와 연기자들이 함께 모여서 얘기를 나누는 기회는 한 번도 없었다. 그래서 당시에 나는 유재석과 만날 기회도, 얘기할 기회는 더더욱 없었다. 결정적으로 MBC 코미디 작가로서 KBS의 개그맨들에 대한 정보가 그다지 많지 않았는데, 유재석이라는 개그맨은 나의 레이더에 포착되어 있지 않았다.

당시의 프로그램을 VHS 테이프에 녹화한 것을 지금도 보관하고 있는데, '철없는 오빠'의 유재석의 연기는 지금 보아도 좀 그렇다. 무척이나 열심히 하고 있다는 것은 알아도 손발이 오그라들어 계속 지켜보고 있기가 쉽지 않다. 특히 당시 유재석의 대체적인 캐릭터와 외모는 얄미운 남자, 쪼잔한 남자, 뻔뻔한 남자였다. 물론 내가 워낙 스타를 알아보는 눈이 없는지라, 당시에 유재석과 인사를 했더라도 크게 마음 두지 않았을 것이다.

2000년의 〈코미디 세상만사〉에서 재미있는 건, 야외 VCR 코너에서 진행했다는 것이다. '사랑의 삼행시'라는 코너인데, 함소원, 엄용수와 함께 메인 MC로서 확실하게 자신의 역할을 하고 있는데, MC로서의 내공을 조금씩 조금씩 키워가고 있음을 볼 수 있다.

그의 이름은 메뚜기

유재석 스스로 '내가 어느 정도 인기라는 걸 얻었구나'라는 걸 실감한 건 1999년 9월 무렵이다. 1991년 5월에 데뷔했으니까 햇수로 9년째이고, 10년을 향하는 시기다. 거리를 지나갈 때 자신을 보며 사람들이 하는 말에 짜릿함을 느꼈다.

"어? 메뚜기다!"

대부분의 연예인은 자신이 하나의 고정된 이미지로 굳어지는 걸 싫어한다. 한번 이미지가 굳어지면 계속 그 이미지로 가기 때문이다. 한번 영구는 영원한 영구이고, 장동건은 워낙 잘생겼기에 연기가 보이지 않았고 연기력 논란이 늘 따라왔다. 김기덕 감독의 〈해안선〉에서 진흙구덩이 속을 뒹굴고 나서야 비로소 그의 연기가

일인자
유재석

보이기 시작했을 정도다.

　사실 나도 코미디 작가로 1993년 MBC 예능국에 들어갔을 때 나의 외모 때문에 말들이 있긴 했다. 임기홍, 강제상 등 기존의 선배 코미디 작가들이 그야말로 코미디 작가처럼 생기셨기에, 여러 피디나 개그맨들도 나를 보고 "정말 코미디 작가 맞아? 배우나 성우 하려는 거 아니고?", "에이~, 안 웃길 거같이 생겼는데~"라는 고정된 이미지를 붙이는 바람에, 나의 필력이 제대로 평가받지 못한 면이 있다. 뭐 그렇다고 해서 생긴 걸 어떻게 할 수 있는 것도 아니니, 그저 역사의 평가를 담담하게 기다리며 살고 있다.

　하긴 당시 나의 표정은 다소 심각하기도 했다. 1991년 겨울 MBC 아카데미 작가반 1기에서 수업을 받다가 전체 6개월 과정 중 불과 4개월 만에 1호로 취업이 된다. MBC 〈PD 수첩〉이었다.

　작가반은 서른 명이 수업을 받고 있었고, 지금은 작가반도 '드라마 작가', '교양 작가', '예능 작가', '다큐 작가' 하는 식으로 세분화되어 있지만 우리를 실험대상으로 삼으려고 했는지 1기는 드라마, 비드라마 합쳐서 서른 명이었다. 남자는 세 명밖에 없었는데 총각은 내가 유일했다. 어떤 학원이든 시간이 지나면 패거리가 생기는데, 당시 여기저기에서 나를 영입하려고 많은 유혹이 있었다.

　1기 동기들은 드라마 작가에서 스타가 많이 배출되었다. 〈가을동화〉와 〈사랑비〉의 오수연, 〈사춘기〉와 〈오작교 형제들〉을 쓴 이정선, 〈사과꽃 향기〉와 〈결혼해 주세요〉의 정유경 작가들이 자랑스러운 1기 동기들이다. 비드라마에서는 라디오 작가로 〈지금은 라디오 시대〉의 류미나와 탤런트 김현주 씨와 아침 프로그램을 오래 한 남혜정, 음악 프로그램을 많이 하고 가수 이승환의 노래에 작사를 한 이지은 작가 등이 있고, 아쉽지만 예능 작가는 나만 남아 있다.

애기가 샜는데, 나는 〈PD 수첩〉에서 1년을 하면서 심각해졌고, 동시에 세상이 우습다는 것을 깊이 알게 되었고, 남들을 웃겨볼 수 있는 작가로 방향을 바꿨던 것이다. 이 작업이 너무도 힘든 길이었다는 걸 그때는 몰랐지만.

내가 그의 이름을 불러주기 전에는
그는 다만 하나의 몹쓸 개그맨에 지나지 않았다
내가 그의 이름을 불러주었을 때
그는 나에게로 와서 진정한 개그맨이 되었다.
그의 이름은 메뚜기.

유재석에게 메뚜기라는 이름을 처음으로 붙여준 사람은 정선희다. KBS에서 〈자유 선언 오늘은 토요일〉을 연출하고 있던 김석윤 피디에게 무심코 던진 "얘, 메뚜기 닮지 않았어요?"라는 말에 유재석은 메뚜기가 되었다.

그때는 메뚜기라는 말이 재석은 참 싫었다고 한다. 피디에게는 "제 이미지가 너무 고정되지 않을까요?"라는 적반하장 격인 반론

일인자
유재석

도 제시했지만, '60년을 이어라'라는 코너의 야외 진행을 맡으려면 메뚜기 탈을 써야만 했다.

이 시기의 유재석의 모습은 당시 데뷔하자마자 폭풍 인기를 얻은 핑클의 이효리한테 들을 수 있다. "그때 유재석 씨를 처음 봤는데 메뚜기 탈을 쓴 모습을 보고 정말 안타까운 마음뿐이었다."

이 시점에서 유재석에게 든 의문 하나. 메뚜기 탈 같은 방송용 소품은 일반적으로 촬영 현장에 가면 제작 스태프가 챙겨온 것을 주는 것이다. 그런데 재석은 메뚜기 탈을 자기 가방에 넣어 가지고 다녔다. 탈이 가방에 겨우겨우 들어가는데 더듬이만은 들어가지 않아 언제나 가방을 뚫고 나왔고, 이동하는 전철에서 자신의 가방을 보며 울먹였다고 한다. 도대체 메뚜기 탈을 왜 직접 가지고 다녔을까.

메뚜기는 지금의 유재석을 있게 한 발판이 되고 있지만, 창피한 적도 적지 않았다. 어느 날 차를 타고 가다 거리를 지나가는 한 여자에게 반한다. 바로 차에서 내려 따라가다가 용기를 내어 다가갔는데, "어머, 메뚜기다~~~" 소리치는 바람에 급 창피해져 도망갔던 적도 있다.

그의 친구 김태균은 유재석의 메뚜기 춤은 대학 시절부터 있었다고 한다. 〈낭랑 18세〉를 부르며 폴짝폴짝 뛰었다고 한다. 유재석이 정확히 언제부터 메뚜기 춤을 추었고, 왜 메뚜기 탈까지 쓸 수밖에 없었는가는 중요하지 않다.

"메뚜기 탈을 쓸 때는 상황이 좀 나아졌을 때고, 그 이전에는 정말 힘들었습니다. 그만둬야 하나 고민을 많이 했죠. 방송국에서는 벌써 그만둔 걸로 아는 처참한 상황……"이었다고 고백했듯이, 오랜 무명과 방청을 끝내고 서서히 기지개를 펴는 바로 그때, 운명처럼 메뚜기가 되어 폴짝 뛰어오르기 시작했다는 것이다.

"재석이는 카메라 울렁증이 심해 짧은 대사를 외우는 것도 카메라가 돌면 힘들어 했죠"라는 김용만의 말처럼 유재석의 끝은 보이지 않았다. 하지만 메뚜기 탈을 쓴 유재석은 서서히 변해갔다. 뺀질뺀질하면서도 매번 당하고, 어쩐지 측은한 캐릭터, 그게 유재석의 메뚜기였다. 비록 유재석이 기억에 남을 만한 유행어는 만들지 못했더라도, 유재석의 메뚜기 뛰기는 여전히 후배들이 따라 하는 고전이다. 그렇게 재석은 몸 개그의 기본을 쌓아갔고, 자신만의 캐릭터를 구축해갔다.

무엇이든 자기가 해보면 자신 있게 얘기할 수 있다. 한여름 〈무한도전〉 촬영 현장. 커다란 인형 탈을 쓰고 계신 보조 출연자를 재석은 그냥 지나치지 못한다.

"저분들 더워서 쓰러지세요. 녹화 중간 중간엔 탈 벗고 있게 하세요. 저거 써봤어요? 계속 쓰고 있으면 사람 쓰러져요. 빨리 벗으세요."

유재석 TV
도전! 무명에서 유명으로

일인자
유재석

토크박스, 대한민국을 흔들다

메뚜기 탈을 쓰고 전국을 다니고, 간간이 콩트 연기를 하면서 자신의 때를 묵묵히…… 밀지 않고 기다리고 있던 유재석. 그가 제일 잘하는 건 과연 뭘까. 함께 수다를 떨곤 하는 개그맨 표영호의 얘기를 들어본다.

"재석이는 쉴 새 없이 얘기했다. 끊임없이 얘기했다. 만나면 떠들고 만나면 얘기하고 만나면 지껄였다. 함께 있으면 내가 하는 일은 재석이의 얘기를 들어주는 것이었다."

일명 유재석, 김용만, 표영호, 지석진 등이 조직원으로 있었다는 '조동아리' 클럽(아침까지 수다를 떨었다는 무시무시한 조직)에 대한 얘기인데, 표영호의 증언에 의하면 조직의 실체는 없었다고 한다. 언젠가 방송 〈놀러와〉에서 유재석이 재미있게 얘기하려고 급조한 것일 뿐 자기들끼리 '우리는 조동아리 조직원이다'라고 생각하는 사람은 없었다고 한다.

어쨌든 재석이 좋아하고 잘하는 건 수다였다. 얘기하기였다. 스스로 '얘기 마니아'라고 한다. 체질적으로 술을 못하기 때문에 더욱 수다를 잘하는지도 모르겠다.

"10여 년째 매일 똑같은 얘기를 하는 데도 질리지 않는다. 1993년 말 모두 무명일 때 크리스마스 이브에 한 카페를 들어간 적이 있다. 하도 떠들어 카페 주인에게 계속 주의를 듣다가 결국 새벽 4시게 쫓겨났다. 그런데도 못내 아쉬워 차 속에서 담배 한 대 피운다는 게 새벽 6시 반까지 얘기꽃을 피웠다."

혹시 그 카페 사장님이 이 글을 보신다면, 당시의 유재석을 확실하게 기억하신다면, 유재석이 앉았던 자리를 '유재석(席)'이라는 이름으로 개발하시라는 아이디어를 드린다. 조건은 없다. 이 책을 각 테이블마다 비치해놓기만 하면 된다. 연인이 서로 보려고 다투면 안 되니까 테이블마다 두 권씩.

"다른 분들에 비해 말의 재치가 떨어지다 보니 그나마 잘하는 건 노는 것, 수다 떠는 것"이라는 재석에게 마침내 개그제우스의 큰 선물이 주어진다. 마치 운명처럼 다가온 프로그램 KBS 〈서세원 쇼〉의 '토크박스'다.

당시 〈서세원 쇼〉는 전국적인 인기 프로그램이었다. 여의도 바닥에서 〈서세원 쇼〉는 개미 새끼가 출연해도 스타가 될 것이라는 얘기가 있을 정도였다.

재석은 당연히 섭외에 응하긴 했지만, 두려웠다. 거기에 나가 행여 실수라도 해서 그나마 지금까지 버텨온 자리마저 날리고 망신을 당하면 어떻게 하나 하는 생각에 밤잠을 설쳤다.

하지만 오랜 세월을 기다린 보람이 있었다. 첫 방송에서 홈런을 날린다. 오래 기다리셨다. 서울예대 동기 연기를 기막히게 했던 재석의 바로 그 친구, '찍새'가 등장하는, 슬프고 불쌍한데 무지 웃긴 이야기, 이른바 '끓어'다. 그때 그 시절 '토크박스'가 진행되는 세트

일인자 유재석	라고 생각하고, 들어보자.

제가 고등학교 때 피서를 갔었습니다.
여자 친구는 아니고 제 친구 찍새라고 있습니다. 찍새.
제 친구랑 둘이 텐트를 가지고 바닷가를 놀러 갔어요.
이제 찍새가 라면을 사러 가기로 하고 저는 물을 끓이는데
라면을 사러 갔는데 한참이 지나도 안 와요, 한 시간이 지났는데요.
그래서 어떻게 된 건가, 물은 다 줄어드는데.
그래서 제가 가게 있는 데로 찾으러 갔었어요. 그래서 딱 가는데,
웬 여학생 두 명이 저를 따라와요. 그러니까 어이가 없죠, 저도. 왜 날 따라오나.
그러더니 귀엽게 생긴 여학생이 저한테 오더니,
"저기요, 죄송한데 저희 텐트로 같이 가주시면 안 돼요?"
근데 바로 표정이 "어, 그래요." 이럴 수는 없잖아요.
그래서 일단, "왜요?" 그랬더니
"아니요, 친구들하고 같이 있는데요, 그냥 좀 남자 친구들 모아서 같이 놀고 싶어서요."
그래서 그 순간 갑자기 사라진 찍새는 제 기억 속에서 없어졌어요.
모닥불이 가운데 펴 있고 거기 같은 또래로 보이는 소녀들이 쫙 모여 있더라고요.
한 여섯 명 정도예요.

이야~ 이게 참, 남자는 나 혼잔데…… 이걸 어떻게 해야 하나…….
딱 갔어요. 갔는데 분위기가 조금 심상치 않아요.
여학생 두 명은 담배를 피우고 있고, 약간 분위기가 이상해요.
그래도 뭐 그런 여학생도 있을 수 있으니까, 그렇게 생각하고 가까이 갔어요.
어떻게 앉으란 말도 없고 하길래 어정쩡하게 서 있는데,
근데 갑자기 한 여학생이 고개를 숙이고 있다가 저를 딱 보더니,
"꿇어!"
깜짝 놀랐는데 바로 꿇을 수밖에 없었어요.
그러더니 돈을 달래요.
그래서 "아 저 돈 없어요." 그랬더니,
"너 뒤져서 나오면 10원에 한 대씩이다."
"아, 정말 없습니다." 이러고 딱 주변을 봤더니 저쪽에서 장작불을,
나무를 계속 던지는 여학생이 있었는데 이 여학생은 좀 순진해 보여요.
그래서 제가 눈빛을 불쌍하게 보내면 뭔가 날 도와줄 거 같아요.
그래서 계속 쳐다봤어요. 근데 나랑 눈이 딱 마주쳤어요.
그 두목 같은 여자는 계속 저한테 너 뒤져서 나오면 10원에 한 대씩이다 하면서 계속 윽박지르고 있었고, 전 없어요, 하고 있었는데
갑자기 그 모닥불 피우던 여자가 나무 하나를 집고 딱 일어서는 거예요. 그래서 됐구나, 싶었죠.
저한테 딱 오더니,

**일인자
유재석**

"엎드려."

바로 엎드렸죠. 세 대를 때리는 거예요.

맞고 나니까 눈물이 주르르 흐르더라고요. 아프기도 하고 서럽기도 하고.

근데 저쪽에 웬 남자 애가 오고 있었는데, 키가 딱 찍새예요.

그래서 이제 됐다, 하고 있는데 찍새가 두목한테 가더니 하는 말이,

"저기요, 라면 다 됐거든요."

이 얘기는 서세원을 뒤집어지게 하며 바로 1위에 등극한다. 홈런이었다. 초대형 홈런. '토크박스'가 방송이 나간 뒤 섭외가 줄을 이었다. 재석은 이 프로 저 프로 나가면서 인지도를 높여 나갔는데, 재석의 이미지를 더욱 굳힌 건 그해 9월에 출연한 〈슈퍼TV 일요일은 즐거워〉의 인기 코너 '출발 드림팀'의 뉴질랜드 편이었다. 다른 일행들과 다른 유니폼을 입고 나와 놀림감이 되고, 장대높이뛰기를 할 때 수직으로 올라갔다가 수직으로 매트에 얼굴을 들이받아 최고의 몸 개그를 보여준 것이다.

물론 지금 보면 당시도 카메라 울렁증은 여전했다. 얘기를 하는 재석은 많이 떨었다. 카메라와 눈도 잘 맞추지 못했다. 왼손이 떨면 오른손으로 누르고, 오른손이 떨면 왼손으로 누르면서 얘기를 했다. 보는 내가 안타까움을 느낄 정도다. '토크박스' 현장으로 다시 가본다.

아주 예전에 개그맨이 된 지 얼마 안 되었을 때 일입니다.
당시 포졸2를 하고 있었고, 〈가요 톱10〉이 인기가 있었습니다. 〈가요 톱10〉이 막 끝났을 때 같은 건물에 있었는데 한 여학생이 "어, 쟤 개그맨 아니야?" 하니까 이 한마디에 아이들이 저한테 우르르 달려오더니 "사인해주세요!"

흐뭇하기도 하고 당황스럽기도 해서 "너희들 내가 누군지 알고 이러는 거니?" 그랬더니 저를 다 안대요. 그러니까 얼른 사인이나 해달라는 거예요. 그래서 그동안 연습해두었던 사인을 한참 하고 있는데, 뒤에 있던 여학생이 "어? 저기 신성우다!" 그러자 아이들이 물밀듯이 전부 신성우 쪽으로 달려가는 거예요. 근데 그때 제가 사인해주고 있던 여학생이 "에이씨, 빨리 해주세요!" 하면서 화를 내는 거예요. 그래서 제가 하도 기가 막혀서 "야, 니가 사인해달라 그랬잖아!" 했죠.

근데 얘가 갑자기 막 우는 거예요. 전 더 기가 막혀서, "아니, 너 왜 울어!" 여학생은 (울먹이면서) 저 신성우 오빠 좋아한단 말이에요!" 저는 "야, 내가 너 신성우 좋아하지 말라 그랬니? 니가 나한테 먼저 사인해달라 그랬잖아!"

이렇게 목소리가 높아지니까 주변에 있던 사람들이 하나둘 모여들고 정문에 계시던 청경 아저씨까지 오시더라고요. 그분이 와서, "무슨 일입니까?" 물으니까, 그 여학생이 "이 아저씨가 사인해달라고 안 그랬는데 자꾸 사인해준다고 하잖아요." 이러는 거예요. 얼마나

유재석 TV
도전! 무명에서 유명으로

일인자 유재석

황당하겠어요. "야, 내가 너한테 언제 사인해준다고 했니?" 그러니까 "내가 신성우한테 간다고 하니까 아저씨가 못 가게 했잖아요!" 갑자기 버럭이 나오더라고요. "내가 언제 못 가게 했어!!!"
그때 청경 아저씨 무전기로 연락이 오더라고요. "정문, 정문, 무슨 일입니까?" 그러니까 청경 아저씨가 무전기에 대고 "정문 장난, 정문 장난……."
그 순간은 좀 웃기더라고요. 그래서 그냥 피식 웃고 가려는데, 청경 아저씨가 한말씀 하시는 거 있죠. "근데 아저씨는 누군데 사인해준다고 그러신 거예요?"

탁재훈, 박경림, 신정환, 주영훈, 윤현숙, 김지훈(듀크)……. '토크박스'로 스타덤에 오른 연예인이다. 그렇게 '토크박스'는 1999년, 유재석도 스타의 꿈을 꾸게 만들었다.

버라이어티에 발을 담그고

'토크박스'는 재석에게 많은 것을 주었다. 무엇보다 예능 버라이어티의 세계로 본격 진출하는 계기가 되었다.
'토크박스'와 같은 제작국에서 만드는 〈자유선언! 오늘은 토요일〉에서 여러 꼭지를 맡게 된다. 가장 인기를 끌었던 게 대학 도서관을 찾아다니면서 가장 늦게 나오는 학생에게 상을 준 '잠을 잊은 그대에게'라는 코너다. 김종석과 함께 퀴즈 맞히기를 해서 큰 웃음을 주었다.

유재석이 김종석을 처음 만난 건 1998년 10월경이다. 당시 김종석은 개그맨 남희석의 매니저로 일하고 있었다. 구수한 사투리로 "형님, 밥 먹었어요?" 묻던 종석이 재석은 밉지 않았다.

해가 바뀌고, 재석은 가수 임창정과 함께 '잠을 잊은 그대에게'라는 코너를 하고 있었다. 그런데 임창정이 새 앨범 활동에 주력을 하게 되면서 재석과 콤비로 활약을 할 후임자를 물색하는데, 들어온 사람이 김종석이었다.

재석도 그를 추천하는 데 한몫한다. 시청자 입장에서 보면 무척이나 신선할 거라는 생각이었고, 무엇보다 실제로 대학 진학을 준비하고 있는 그의 상황이 밤늦게 대학 도서관에서 열심히 공부하는 학생들을 찾는 코너의 성격과도 맞아떨어진 것이다.

재석과 종석은 코너 속 코너인 '잠을 잊은 퀴즈 대결'에서 고 피디가 내는 문제를 놓고 매주 피 튀기는 접전을 벌인다. 재미있는 것은 무식이 통통 튀는 종석에게 재석이 무참하게 깨진다는 것이다.

이 코너는 여러 가지 의미가 있다. 퀴즈 대결의 성격이 알고 보면 누가 더 무식한가를 대결하는 것이다. 더 똑똑할 것 같은 재석이 지는 게 매력이었고, 소심한 캐릭터의 유재석이 무식한 김종석에

일인자
유재석

게 당하는 게 포인트였다.

　물론 프로그램의 재미를 위해 제작진은 기본이 되는 장치를 구축한다. 문은애 작가에 따르면, 김종석은 '스케줄'이라는 말이 뭔지도 모를 정도로 무식한데, 한국 역사는 많이 알았다. 유재석이 이기면 작가들은 한국사 문제를 집중적으로 배치한다. 그러면 유재석은 한숨을 푹푹 쉰다. 그래야 유재석의 캐릭터가 산다는 것이다.

　한 가지 더, 〈1박 2일〉에서 강호동을 비롯한 출연자들과 스스럼없이 대화를 나누는 나영석 피디의 모습은 시청자들에게 무척이나 자연스럽다. 예전이면 가차 없이 편집이 되어야 하는 장면들이 그대로 방송을 타는 경우가 많다. 피디가 직접 소리를 내어 게임의 룰을 제시하고 프로그램을 만들어가는데, '잠을 잊은 퀴즈 대결'의 고 피디가 그 역할을 했다. 때로는 재석을 조롱하기도 하면서 예능감을 발휘하였다.

새로운 스타일의 MC 탄생! 동거동락

　　　　　　　　　　대망의 2000년이 밝았다. 예능 프로그램을 만드는 사람들은 이제 21세기의 예능을 고민해야 했다. 특히 버라이어티는 다양한 스타일로 춘추전국을 이루고 있었다.

　1999년에서 2000년이 넘어가는 시기에 나는 SBS에서 〈기쁜 우리 토요일〉이라는 버라이어티를 하고 있었다. 이 프로그램이 아마도 이 시기의 예능 버라이어티의 전형을 보여주는 것이 아닌가 한다.

박수홍, 윤정수, 김진, 송혜교가 나란히 서서 진행을 했다. 사전에 VCR로 촬영이 되고 편집이 된 코너들을 보여주고 사이사이에 간단한 토크를 했다. 그렇기 때문에 메인 MC는 코너와 코너를 이어주는 보조적인 역할에 머무르곤 했다.

당시에 했던 코너들은 김진과 송혜교가 주연을 한 드라마 스타일의 '러브레터', 윤정수 등의 MC와 쿨이 다양한 게임 대결을 하는 'MC 대격돌' 등이었다.

유재석은 1999년을 '토크박스'로 시작하여 〈자유선언! 오늘은 토요일〉의 '잠을 잊은 그대에게' 등을 통해 예능 버라이어티에 적응을 하고 있었다. 2000년에 들어와 〈야! 한밤에〉 공동 MC를 시작으로 〈한국이 보인다〉에서 '글로벌 카메라', '달려라 백두', '지존을 찾아서', '인정사정 볼 것 없다' 등의 MC를 보며 진행자로서의 내공을 키워가고 있었다.

이렇게 주말 예능 버라이어티들이 이렇다 할 강력한 한 방이 없이 흘러가고 있었고, 2000년 가을 개편에 방송 3사 토요일 예능은 약속이나 한 듯 서바이벌 류의 프로그램을 동시에 시작한다.

가장 먼저 10월 중순에 KBS 〈자유선언! 오늘은 토요일〉에서 '생존 게임! 끝까지 살아남아라'가 시작되었고, 이어 SBS 〈좋은 예감 즐거운 TV〉에서는 '서바이벌 보물찾기'가 시작되었다. 뒤늦게

일인자
유재석

MBC에서도 시대의 흐름이 서바이벌로 가고 있음을 간파, 후발 주자로서 강력한 임팩트가 필요한 상황이었다.

은경표 피디. MBC의 예능국의 스타 피디였다. 이미 2000년 2월부터 〈목표달성! 토요일〉에서 'god의 육아일기'로 신인 그룹 god를 국민그룹으로 만들었고, '꼴찌 탈출'이라는 걸출한 코너를 진두지휘했다. 이제 그 이상의 대박을 원했다.

'스타 서바이벌 동거동락'. 서바이벌을 표방하고는 있지만, 기존 타 방송사의 서바이벌과는 확실히 달랐다. 기라성 같은 스타들을 한곳에 모아놓고 실제로 1박을 하면서 게임도 하고 퀴즈도 풀어야 하는, 당시로선 처음 시도하는 포맷이었다. 유승준, 박지윤, 이범수, 강현수, 양미라, 박경림 등 스튜디오에 무려 15명의 스타를 모아놓고 놀게 해야 했다.

MC가 문제였다. 이렇게 무지막지한 스타들을 한곳에 모아놓고 그들을 쥐락펴락하며 진행을 할 수 있는 사람, 은 피디는 여러 경로를 통해 적당한 MC를 물색한다.

원칙은 한 가지였다. 같이 잘 놀아주면서 유연하게 진행할 수 있는 사람, 참여한 모든 연예인들이 불만을 갖지 않게 할 수 있는 사람, 녹화 시간이 길 테니 체력이 받쳐주는 사람.

'동거동락'이라는 프로그램은 아무나 만들 수 있는 프로그램이 아니다. 은경표 피디가 아무리 인맥이 화려하고 카리스마가 있다 해도 잘나가는 연예인들이 늦은 밤에 모여 밤을 지새우면서 녹화를 한다는 것은 결코 쉬운 일이 아니다.

설사 그렇게 한다고 해도, 어디까지나 피디가 할 수 있는 건 한곳에 불러 모으는 깃까지만 할 수 있다. 카메라가 돌기 시작하면 그 때부터는 연예인의 몫이다. 그래서 이 프로그램은 보통 MC 가지고는 안 되었다.

MBC에서 뽑힌 개그맨이 아닌 KBS에서 온 개그맨, 진행 능력은 둘째치고 이름만 대면 누구나 알 수 있는 인지도가 있는 개그맨이 아닌 이제 막 이름을 알리기 시작한 개그맨이 '동거동락'의 MC가 되었다. 당시의 대부분의 버라이어티가 취하고 있는 여러 MC들 중의 하나도 아니었다. 혼자서 끌고 가야 하는 자리였다. 누구라도 맡고 싶겠지만 쉽게 하겠다고 하기에는 너무도 비중이 큰 자리. 바로 그 자리로 유재석이 들어온 것이다. 불과 만 29세의 청년이 기꺼이 독배를 마시겠다며 들어왔다.

어떻게 유재석이 MC로 낙점이 되었을까. 여러 가지 얘기가 있다. 그중 한 가지는 은 피디와 평소 친분을 유지하고 있던 스타 배우가 유재석을 추천했다는 얘기다. 은 피디가 MC를 찾느라 고심하고 있다는 얘기를 듣고, 개인적으로 아는 사이는 아닌데, KBS에 재미있는 친구가 있다고 알려준 것이다. 그 친구가 유재석이었고, 또 한 사람은 고 최진실이다.

마침내 2000년 11월 4일, MBC 〈목표달성! 토요일〉에서 마지막 코너로 '스타 서바이벌 동거동락'이 첫 방송되었다. 당시 이를 보도

**일인자
유재석**

하는 기사에서 재미있는 것은 '서바이벌 동거동락'을 소개하면서 MC 유재석에 대해서는 명시되어 있지 않다는 점이다. 유승준, 박지윤, 유재석, 양미라 등 15명이 출연한다는 것, MBC는 경쟁 프로를 의식해 유승준 등 톱스타들을 캐스팅했다는 점만 밝히고 있다. 당시 유재석의 객관적인 위치를 알 수 있게 한다.

첫 회에는 강현수, 김종석, 김채연, 박경림, 양미라, 김정훈, 최정원, 이제니, 브라이언, 환희 등이 나온다. 유승준, 박지윤, 김성수, 이범수 등은 스케줄의 문제로 결석함을 앞부분에 고지하는 리얼리티를 보여준다.

MC 유재석은 첫 진행에서 약간은 어설퍼 보이지만 솔직한 자신의 모습을 가감 없이 드러내는 것으로 신고식을 한다.

출연자들을 소개하는 오프닝에서 강현수가 느닷없이 "이 자리에 좋아하는 여자가 있습니다"라고 돌발성 발언을 하자, 유재석은 "그러면 사랑의 스튜디오로 나가셔야지, 이 프로그램 제목 바꿔야 해요, 스타 서바이벌 얽히고 설키고로" 식의 재치를 보여준다.

각자의 끼를 보여주는 댄스 타임에도 출연자들이 춤을 추면 진정으로 즐거워하는 리액션의 진수를 보여준다. 무엇보다 각 출연자들의 특이한 점을 집어내어 토크의 소재로 삼는 놀라운 관찰력이 이미 이때부터 있었음을 보여주고 있다.

고공 낙하 레펠 훈련을 하는데 재석은 고공 낙하를 무서워하고 거의 기절한 모습을 보여주는 인간의 바닥을 다 드러낸다. 10여 명의 연예인과 함께하는 대형 버라이어티에 재석은 시청자에게 자신의 모든 것을 보여준다. 처절하게 무너지고, 솔선수범하는 등 자신이 할 수 있는 모든 것을 보여준다. 진심이 느껴진다. 그리고 시청자는 곧 이에 화답하기 시작한다.

'서바이벌 동거동락'은 대한민국 예능사에서 한 획을 그은 프로그램이다. 기존의 예능과 다르게 여러 가지를 시도했다. 내용에서는 이른바 1987년 방송한 MBC 〈명랑운동회〉를 부활시켰다고 얘기하는데, 더 거슬러 올라간다. 1973년 시작한 MBC 〈유쾌한 청백전〉의 부활이다. 당대 최고의 인기 연예인들이 수십 명씩 출연해 다양한 경기를 펼쳤다. 이어 달리기, 줄다리기, 노래 대결 등 여러 가지 단체 게임을 했다. 진행자는 아나운서 변웅전이었다. 하지만 1973년에는 변웅전 아나운서가 그저 '허허허……' 너털웃음만 터뜨렸다면, 2000년에는 개그맨 유재석이 같이 뒹굴고 함께 굴렀다.

형식적인 면에서는 개인 카메라의 시대를 열었고, 장시간 녹화 시대를 선포했다. 이전의 버라이어티에서는 여러 명이 출연을 해도 그들을 잡는 카메라 숫자는 정해진 범위를 넘어서지 않았다. 스튜디오에서 녹화를 하면 기껏해야 1번, 2번, 3번, 4번 카메라에 크레인과 카메라를 달아 공중에서 넓게 촬영하는 지미집(zimizib) 정도였다.

그런데 '동거동락'은 출연자 모두의 생생한 리액션을 잡기 위해 모든 사람에게 전담 카메라를 붙인 것이다. 지금이야 〈무한도

일인자
유재석

전〉이나 〈1박 2일〉, 〈런닝맨〉 등 여러 사람이 출연하는 프로그램에서는 연예인별 전담 카메라맨이 있는 게 당연하지만, 이렇게 된 건 2000년 '동거동락'이 최초로 시도한 것이다.

그리고 이경규가 피를 토해 마지않았던, '10시간 녹화 시대'를 연 장본인, 아니 장본프로그램이 바로 '서바이벌 동거동락'이다. 평균 밤 10시에 녹화를 시작하여 다음 날 아침 6시에 끝냈다. 물론 한 차례 녹화하여 30~40분 분량으로 2회분을 방송하지만, 그 전까지 해오던 녹화 시간과 비교하면 정말 터무니없이 길어진 것은 맞다.

이문세, 이홍렬, 이휘재 시대의 〈일밤〉도 1시간 방송 분량을 위해 녹화한 시간은 길어야 80분 남짓이었다. 〈기쁜 우리 토요일〉 역시 마찬가지였다. 오히려 제작에 차질이 생겨 녹화 현장에서 MC들이 봐야 하는 VCR을 보지 못하고 '봤다 치고' 갈 때가 있다. 그렇게 되면 녹화 시간은 대폭 줄어 30~40분 만에 끝나기도 한다. 이런 경우 MC들은 더 신나 폭풍 애드리브를 발사하곤 했다.

그런데 '동거동락'을 시작으로 이른바 리얼 버라이어티들은 10시간은 기본이고 1박 2일을 쉬지 않고 촬영하는 단계까지 간다. 이 부분에 대한 이야기는 나중에 다시 언급할 기회가 있을 것이다.

이제는 개그맨 시대

웃음의 신 개그제우스는 간절하게 기도를 하면 언젠가는 들어주신다. 사람을 보내주신다. 그야말로 그는 혜성같이 나타났다. 김해성 대표. 1998년, 우리나라에서 최초로 개그맨을 위한 매니지먼트 회사를 차린 사람이다. 방송과는 전혀 관계가 없었던 사람이다. 20세부터 7년간 40여 개국을 다니며 옷 장사를 했는데, 1997년 결혼을 하면서 남희석과 인연을 맺게 된다. 매니저를 하는 김해성의 친구가 결혼식 사회자로 남희석을 데리고 온 것이다. 그런데 알고 보니 남희석이 자기 신부와 동향이었던 것. 두 사람은 술친구가 된다.

김해성은 아내가 임신을 하자 새로운 직업을 모색하게 된다. 옷 장사는 아무래도 이곳저곳을 떠돌아다녀야 했기 때문이다. 그는 큰 고민하지 않고 지인을 통해 매니저의 세계에 입문한다. 처음엔 가수 매니저로 시작하는데 큰 재미를 보지 못한다. 그때 그의 눈에 들어온 건 개그맨들의 열악한 환경과 처우였다. 김해성은 일본에 있을 때 코미디 프로그램을 열심히 시청했을 뿐 아니라 그곳 코미디언들의 위상을 보았다.

내가 예능 작가를 시작한 1993년에도 그랬고, 그 후로도 오랫동안 우리의 예능이 꾸준히 한 건 일본의 예능 프로그램들을 보는 일이었다. 벤치마킹. 볼 때마다 느끼는 것이었지만 일본의 예능은 대

일인자
유재석

단했다. 경탄을 금치 못했다. 방법이 없었다. 베꼈다. 따라 했다. 훔쳤다. 베끼마킹이 아닌 분명히 벤치마킹이라고 믿었다. 그 옛날 우리나라에서 방송국이라는 걸 만들려 하던 시절, 일본 방송국의 편성표를 가져다가 종이에 그대로 그렸다는 전설 같은 얘기로 합리화를 시도했다. 예능 피디, 예능 작가로서 잘한다는 건, 아이디어가 많다는 건, 능력이 있다는 건 일본 프로그램을 누가 더 많이 봤는가에 좌우되던 시절이었다.

그들의 프로그램에 얼마나 감탄했으면 내가 처음으로 정한 해외 방문국은 일본이었고, 심장 도쿄였다. 도대체 어떤 인간들이 모여 살기에 그런 기막힌 발상을 할 수 있는 건지 직접 건너가 내 눈으로 확인해보고 싶었다.

MBC 8층 편성국에 비치되어 있는 일본의 예능 프로그램이 녹화된 VHS 비디오테이프를 대출하여 보기에 급급했던 당시에, 김해성은 일본 현지에서 오랜 세월 예능 프로그램을 접해온 사람이었으니, 적어도 예능에 관한 한 남다른 정보와 촉수가 있었던 것이다.

그는 우리나라도 곧 개그맨의 시대가 오리라 확신했다. 당시 일본의 연예인 베스트 10에서 인기와 수입 등에서 절반의 비율을 차지하고 있던 사람들은 개그맨이었다. 게다가 자신은 남희석이라는 걸출한 물건을 잘 알고 있었으니 더 이상 주저할 게 없었다. 남희석에게 매니저를 붙여주고 매니지먼트 회사를 세우겠다고 얘기했고, 설득을 시도한다.

남희석은 개그맨이 무슨 매니저가 필요하냐며 당연한 반응을 보였지만, 코가 비뚤어지도록 술 마시는 걸 10회 하겠다는 말에 계약을 하게 된다. 그래서 남희석의 코가 살짝 비뚤어진 건가.

회사 이름은 개그맨들이 가족처럼 지낸다는 뜻으로 '지패밀리' 라고 지었다. 지패밀리가 생기면서 변한 게 몇 가지 있다. 우선 개그맨에게 매니저와 코디네이터, 차량이 제공되었다. 다음으로 변한 건 섭외 방식이었다. 그전에는 제작진이 개그맨에게 직접 전화를 하거나 희극인실을 통하면 되었는데, 이제는 매니저한테 연락을 해야 했다. 연락의 질도 예전에는 사실상 통보였다면, 이제는 제안이 되었다. 매니저가 마음에 들지 않는 제안이면 거절할 수도 있다는 얘기다.

이러한 상황의 변화는 제작진 입장에서는 불편하고 낯선 일이었지만, 제작진 역시 예능의 방향을 잘 감지하고 있었기에 시대의 흐름을 거역할 수는 없었다. 매니지먼트 시스템 도입의 효과일까, 남희석이 '빠라바라빠라밤'으로 더 뜨게 되면서 지패밀리의 힘도 커진다.

매니지먼트를 한다는 것은 단순히 소속 연예인의 일을 따고 제반 연락을 취하고 운전을 해주는 것만이 아니다. 김해성 대표는 소속 개그맨을 어떻게 하면 더욱 주목을 받게 하고 스타가 되게 할 수 있을까를 고민하게 된다. 자연스럽게 프로그램에 대한 기획과 아이디어도 구상하여 피디들에게 넌지시 얘기하게 된다. 이것이 크

일인자
유재석

게 어렵지 않게 가능했던 건 일본의 예능을 꿰뚫고 있어서다.

일본의 예능은 만담이라는 형식이 하나의 장르를 이루고 있다. 두 사람이 서서 말로 치고 받는 개그가 일상화되어 있었고, 그러다 보니 콤비로 활동하는 개그맨들이 주류를 이루고 있었다. 지금은 대중적으로도 많이 알려졌지만 당시에는 개그맨들과 열심히 하는 예능 작가들에게만 알려진 다운타운, 돈네르즈, 런던부츠, 폭소문제 등이 그러한 콤비들이었다.

사실 콤비라는 시스템은 1995년 MBC에서 코미디 프로그램으로 시도한 적이 있다. 〈콤비콤비〉라는 프로그램이었다. 쌀집 아저씨 김영희 피디가 연출했다. 홍실홍실(이홍렬+이경실), 나이스보이(강호동+최성훈), 덩달이와 썰렁이(홍기훈+나경훈), 투석스(서경석+이윤석)로 코미디언들을 콤비로 엮어서 다양한 코너를 했다. 하지만 오래가지 못하고 막을 내린다.

김해성 대표는 남희석과 함께할 콤비를 찾게 된다. 여러 모로 남희석과는 다른 이미지와 외모라야 했다. 적임자는 MBC에 있었다. 잘생긴 개그맨, 이휘재였다. 그는 1990년대 초중반, 〈일밤〉에서 'TV 인생극장'으로 한 획을 그었지만, 군 제대 후 아직 정착하지 못하던 시기여서 김해성 대표의 제안을 흔쾌히 받아들이고 회사에 합류한다.

남희석과 이휘재가 콤비가 된다. 일본 같으면 만담 무대에 서면 되겠지만, 우리나라는 방송 프로그램이 필요했다. 한 명의 아리따운 여성이 남희석과 한 차례, 이휘재와 한 차례 데이트를 한 후, 누가 더 좋았는지 결정하는 SBS의 프로그램 〈남희석 이휘재의 멋진 만남〉이 1999년 2월 첫 방송을 하고, 시청률 30%라는 기염을 토하게 된다.

남희석·이휘재 콤비는 거침이 없었다. KBS의 〈자유선언! 오늘은 토요일〉의 MC도 두 사람의 몫이 되고, 김해성 대표는 두 사람을 받쳐주면서 역시 키워야 할 재목들을 찾게 된다. '토크박스'에서 대박을 터뜨린 친구, 메뚜기 탈을 쓰고 다니던 친구 유재석도 세상을 체계적으로 웃기고 싶다는 이 회사에 합류하게 된다.

남희석의 매니저가 방송에 욕심을 냈다. 대학에도 들어가겠다며 수능을 준비한단다. 김종석이다. 같이 퀴즈를 풀어 누가 더 무식한가를 대결할 친구가 필요했다. 이왕이면 착했으면 했다. 가까운 곳에 있었다. 그가 유재석이다.

유재석은 김종석과 콤비가 되어 코너를 진행했고, 점차 인기를 얻게 된다. '잠을 잊은 그대에게'에서 김종석과 퀴즈 대결을 하면 의외로 김종석보다 더 무식했다. 연패를 하고 종석에게 당하는 데도 왠지 밉지가 않았다. 무엇보다 열심히 했다. 특히 김해성 대표가 높이 산 건 사석에서 무지 얘기를 많이 했고 웃겼다는 점이다.

김해성 대표에 따르면, 유재석은 룸은 물론 나이트에도 절대 안 가는 별종이었다. 어렵게 유명해진 만큼 사소한 실수로 추락하고 싶지 않다는 게 이유였다. 선천적으로 술도 못 마시고, 방송이 끝나

일인자
유재석

면 집으로 가는 독특한 친구였다고 한다.

　무엇이든 처음 하는 게 어려운 것이다. 지금이야 개그맨들이 전속에서 풀려 프리랜서 시장에 나오면 어느 정도의 재능이 있는 친구들은 매니지먼트 회사에 들어가는 게 당연하지만, 1990년대 말만 해도 생각하기 어려운 풍경이다. 각 방송사별로 전속이라는 개념도 강했다. 프로그램에서 타 방송 프로그램을 언급하는 것도 금기시되던 시절이었다. 하지만 역사가 흐르듯이 예능도 흘러가고 있었다.

들썩들썩! 공포의 쿵쿵따

　　　　　　　　　　프로그램이 대박이 나거나, 코너에서 시도한 어떤 게임이 대박이 나는 건 많은 경우 크게 계획하지 않고 아무 생각 없이 시도할 때 나온다.

　'구구단을 외자~ 구구단을 외자~'는 내가 참여한 MBC 〈쇼! 토요특급〉의 '스타의 단골집'이라는 코너에서 촬영을 하던 중, 스타가 가볍게 놀 게임이 없을까 생각하다가 현장에 있던 김승환 피디가 언젠가 친구들과 했던 게임이라며 제안했다. 대박이 났다.

　'손병호 게임'도 〈해피투게더〉에서 제작진이 작정하고 개발한 게 아닌, 그날의 게스트 중 한 명이었던 배우 손병호가 알려준 게임에서 시작되었다는 건 많이 알고 계실 거다. 이렇게 시작은 미미하였으나 끝이 창대해진 경우가 방송에서도 적지 않다.

2000년, 재석은 MBC에서 '스타 서바이벌 동거동락'으로 MC계에 성공적으로 발을 들여놓는다. 그 프로는 그 후로도 계속 진화되어가는 유재석만의 진행이 시작한 곳이다.

'동거동락'으로 진화한 재석은 친정 KBS로 보란 듯이 돌아와 일요일 예능 〈슈퍼TV 일요일은 즐거워〉에 입성한다. 하지만 2001년 일요일 예능은 MBC의 〈일밤〉에는 상대가 되지 않았다. 이경규와 신동엽, 김용만이 막강 라인을 구축하고 있는 〈일밤〉에 끝도 없이 밀리고 있었다. '사랑의 쌀 나누기', '유재석의 금연 학교' 등이 박살나고 'MC 대격돌'이라는 새로운 코너에서 힘을 쓰고 있었지만 역시나 패배를 선언해야 하는 시간에 다다르고 있었는데, 그때 시도해 본 네 사람의 게임이 '공포의 쿵쿵따'였던 것이다. 유재석, 이휘재, 강호동, 김한석.

2002년 새해를 시원하게 연 '쿵쿵따'에서 유재석은 평생의 라이벌이자 떼려야 뗄 수 없는 한 사람을 만난다. 강호동. 이후 강력한 라이벌을 형성하며 대한민국의 예능을 풍성하게 한다. '쿵쿵따'에서 재석의 입담이 확실하게 빛을 발하기 시작한다. 다리 찢기 등 매번 강호동에게 당하면서도 계속 놀리며 즐겁게 한 몸 바친다.

게임에서 걸린 호동이 미션을 수행하러 복도를 급하게 가는데 카메라에 눈을 부딪치면서 잠시 후 안대를 쓰고 나온다. 재석은 그

일인자 유재석

냥 지나가지 못한다.

"안대인 줄 아시는데, 사실은 마스크입니다."

대감 복장으로 나온 설 특집에서는 강호동의 머리를 재석만의 관찰력으로 포착하여 웃음의 소재로 삼는데, 추후에 자세하게 언급하겠다.

'공포의 쿵쿵따'는 이길 수 없는 성벽과 같았던 MBC 〈일밤〉을 누름과 동시에 대한민국을 쿵쿵따 게임 열풍으로 몰아넣는다.

쿵쿵따의 4인방은 한 단계 진화한다. 강호동은 메인 MC급으로 격상되어 MBC에서 〈강호동의 천생연분〉을 맡는다. 이휘재, 김한석도 한 단계 도약을 하는데 유재석과 함께 콩트 코미디의 부활을 선언하며 SBS에서 〈코미디타운〉을 만든다.

결국 2002년 11월부터 '공포의 쿵쿵따'는 주영훈, 강병규, 신정환, 강성범으로 2기가 출범하는데, 1기 시절의 웃음을 주는 데 실패하고 서서히 몰락하기 시작한다.

그리하여 결국 'MC 대격돌'은 새로운 코너를 선보이는데 '위험한 초대'이다. 하지만 기존의 명성을 잇지 못하고 결국 유재석에게 SOS를 치게 되고, 유재석은 이혁재와 함께 위험한 초대에 응하게 된다. 중간에 투입된 것인데, 놀랍게도 유재석은 위험한 초대를 접수해버린다.

비결은 다른 데 있는 게 아니었다. 오로지 열심히 하는 것, 온몸을 던지는 것, 프로그램에 몰입하는 태도였다. 위험한 초대의 선배라고 할 수 있는 강병규가 그런 유재석을 보고 놀라는 표정을 짓는 모습이 포착되기도 했다.

유새식과 이혁재가 합뉴한 첫 방송은 2003년 8월에 방영된 영화배우 하지원 편이다. 예능은 정해진 게 없다. 카메라가 돌기 시작하면 누구라도 자신 있는 사람이 치고 나오면 된다. 재석은 자리를 정할 때부터 예능감을 분출하기 시작한다. 피디가 출연자들의 이름을 부르는데 강병규를 부르는 것과 재석을 부르는 것이 미묘하게 다른 것을 놓치지 않는다.

피디   병규 형, 재석이…….
재석   아니, 동갑인데 병규 형, 재석이…… 제가 너무 좀 민감한 건가요?

재석이 웃음을 주는 것으로 본격적으로 토크는 시작된다. 재석이 안경을 벗으면서 물을 맞기 시작하면 "이제 시작됐군요~" 하며 진짜로 좋아한다. 가장 많이 넘어가는 것도 유재석이다. 하지원이 무슨 얘기만 하면 재석은 해맑게 웃기 바쁘다.

"저희는 질문이 뭔지 몰라요. 그저 재미있는 것 같으면 웃고, 쓰러지라면 쓰러지고……."

방수가 아닌 자신의 시계마저 희생하며 웃음의 소재로 삼는 부분에 가면, 숙연함마저 느끼게 된다.

일인자
유재석

　　가수 박정아 편에서도 재석의 활약은 계속되는데, 마무리할 때 MC가 박정아에게 네 명 중 누가 제일 진행을 잘하는가 묻는다. 박정아는 재석을 가리키는데 재미있고 정리할 것도 딱 정리해준다며 칭찬한다. 물대포를 맞고 뒤로 넘어가면서도 정리를 하는 것이다. 이러니 강병규가 놀랄 수밖에 없다.

　　"네, 경이적이었어요. 아, 이런 MC를 '스타'라고 하는 것이구나, 하고 처음으로 실감할 수 있었던 MC가 바로 유재석이었어요. 쉬는 시간에도 놀라운 유머를 매번 연발하였고, 당시의 저는 그런 모습을 그저 넋 놓고 바라보기만 할 수밖에 없었죠."

　　'공포의 쿵쿵따'와 '위험한 초대'로 MBC 〈일밤〉을 눌러버린 유재석. 이제 국민 MC의 반열에 오를 것이 확실시되고 있었는데, 의외의 선택을 한다.

느낌이 좋은데? 느낌표

　　　　　　　　MBC에서 '동거동락'을 성공적으로 마치고, 유재석은 MBC와 재계약하지 않고 SBS로 이동한다. 그래서 재석은 한동안 MBC를 찾지 못했다. 하지만 유재석은 이미 국민적으로 검증이 되어버린 메인 MC였다. MBC는 다시 유재석이 필요했다.

주춤해 있던 MBC 예능의 부활은 '몰래카메라', '칭찬합시다', '이경규가 간다'로 오락과 공익을 제대로 접목시켜 온 쌀집 아저씨 김영희 피디에게 맡겨진다.

여기서 나의 특기인 샛길을 잠깐 가보자. 쌀집 아저씨 김영희 피디는 나와는 〈콤비콤비〉라는 프로그램에서 작업을 한 적이 있다. 쌀집 아저씨라는 별명은 '도루묵 여사'로 인기를 얻고 있었던 이경실이 붙여준 것이다. 딴 이유가 없다. 쌀집 아저씨같이 생겼기 때문이다.

나의 둘째 누나는 숙명여대 음대에서 첼로를 전공하고 MBC 관현악단에서 근무하고 있었다. 추석인가 설을 앞두고 누나 집으로 전화가 왔다. MBC 관현악단에서 일하시는지 확인을 하더니 자기는 쌀집 아저씨라는 거였다. 누나는 당연히 김영희 피디가 전화를 한 줄 알고 한편으로는 놀랍고 한편으로는 반가워서 "아니, 쌀집 아저씨가 어쩐 일로 저한테 전화를 하셨어요? 저희 관현악단이 코미디에서 필요하세요?"라고 물었는데, 쌀집 아저씨는 다짜고짜 누나 집 주소를 부르면서 맞는지 확인을 하더란다. 알고 봤더니 그분은 진짜 쌀집 아저씨였던 것이다. MBC에서는 당시 명절에 직원들에게 쌀을 배달했는데, 그래서 진짜 쌀집 아저씨가 확인 전화를 한 것이다.

이번엔 제대로 공익적 오락을 만들기로 한다. 날고 긴다는 MC들을 대거 부른다. 이경규, 신동엽, 김용만, 유재석, 박경림. MC계

**일인자
유재석**

의 '어벤저스 프로젝트'가 가동된 것이다.

많은 분들이 아시다시피 유재석은 〈느낌표〉에서 김용만과 함께 독서를 주제로 하는 '책책책, 책을 읽읍시다!'라는 코너를 진행한다. 김영희 피디의 기획 때문일까, 유재석과 김용만의 진행 때문일까. 전 국민적인 독서 붐이 일어나는 데 큰 기여를 한다. '기적의 도서관' 건립 운동으로까지 이어지는, 예능에서 대한민국 출판계를 먹여 살린다는 말이 나왔을 정도로 커다란 반향을 불러일으킨다.

김용만과 함께 투톱으로 거리로 나가 시민들을 만나고 책을 읽자고 얘기하면서 유재석은 무슨 생각을 했을까. 1991년 같이 들어와 자신이 한없이 초라할 때 잘나갔던 동기, TV에 나오면 꺼버리곤 했던 동기와 10년이 지난 후에 동급이 되어 같이 코너를 진행하고 있는 자신의 모습이 조금은 감격스럽지 않았을까.

비운의 코미디타운

'공포의 쿵쿵따'로 국민 MC의 반열에 오를 것이 확실시된 유재석이 선택한 길은 고난의 길이었다. 정통 코미디의 부활. 어릴 적 자신을 웃게 만들고 개그맨의 꿈을 꾸게 했던 바로 그 코미디를 하기로 한다. 콩트에 도전한 것이다.

사실 서울예대 동기와 선후배를 중심으로 '개그콘서트'를 매년

해오고 있었기에, 어찌 보면 새삼스러운 결정이 아니었을 수도 있다. 하지만 이미 MC의 위치를 확고히 다진 상황에서 콩트로 회귀하는 것은 쉽지만은 아닌 결정이었다. 그렇기에 선배 코미디언들이 재석에게 찬사를 보낸 것이다.

이 프로젝트에 얼마나 열정을 쏟아부었는가는 당시 유재석과 이휘재가 한 프로그램인 〈슈퍼TV 일요일은 즐거워〉의 '공포의 쿵쿵따', 〈이유 있는 밤〉, 〈대결 맛 대 맛〉, 〈진기록 팡팡팡〉을 모두 내려놓은 것에서 알 수 있다. 도대체 왜 유재석은 콩트를 하기 위해 이토록 많은 것들을 내려놓은 걸까.

사실 유재석은 콩트로 성공을 한 적이 없다. 〈코미디 세상만사〉에서 백수 남편을 하면서 약간의 인지도를 얻었을 뿐, 10년 가까운 무명 세월에서 비로소 벗어나게 한 건 콩트가 아닌 '말로 하는' '토크박스'였다.

이에 비해 신동엽은 데뷔하자마자 '안녕하시렵니까?' 하면서 속사포처럼 얘기하는 콩트로 떴다. 강호동도 '소나기'에서 다소 부담스럽지만 귀엽다고 세뇌할 수 있는 콩트로 주목을 받았다.

송은이도 같이 콩트를 하면 자신보다 칭찬을 받았던 친구다. 이휘재 역시 데뷔하고 오랜 시간이 지나지 않아 전국구 스타가 된 이유는 〈일밤〉의 'TV 인생극장'에서 보여준 미친 연기였고, 〈오늘은 좋은 날〉에서 '큰집 사람들' 등을 통해 재미있게 콩트를 한 친구다.

이경규는 두말할 것도 없는 콩트의 신이라고 할 수 있는 코미디

**일인자
유재석**

언이다. 정작 유재석만 콩트에서 이렇다 할 두각을 드러내지 못한 것이다. 아마도 자신의 무명 시절, 그래도 포졸 2나 지네 뒷다리를 했던 시절을 당당하게 승화시키고자 한 건 아니었을까.

　마침내 2002년 11월 SBS의 가을 개편에서 이휘재, 송은이, 홍록기 등과 함께하는 정통 콩트 코미디 〈코미디타운〉이 첫선을 보인다.
　하지만 결과는 대참패였다. 왜 실패를 했는지는 여러 가지 분석을 할 수 있을 것이다. 다만 당연하게 일본의 다양한 코미디 프로그램을 참고해서 제작했겠지만, 우리나라의 코미디 정서로 응용해서 보여주는 데 소홀히 하지 않았나 하는 생각이다.
　어쩌면 그동안 콩트 코미디에서 떠나 있어서 자신들도 모르는 사이에 새롭게 변한 콩트 코미디에 대한 시청자의 바람을 제대로 읽지 못한 건 아닌가 싶다. 하지만 MC로 정착해도 콩트 코미디에 대한 애정을 잊지 않고 보여줬다는 건 인정해야 할 것이다.

해피투게더 앤드 우리 집에 놀러와~

　　　　　　　　　　　　내가 2012년 봄에 했던 프로그램 중 하나는 분량은 15분에 불과하지만 무척이나 손에 땀을 쥐게 하는 다이내믹한 버라이어티였다.

우선 쭉쭉빵빵 미모의 여성들이 중요한 미션을 수행한다. 과연 어떤 결과가 일어날지는 그 누구도 예측할 수 없다. 얼마나 예측하기 어려운지 한 회를 시청하는 사람이 최소한 수백만 명인데 그중 결과를 제대로 맞히는 사람은 고작 대여섯 명이다. 특히 마지막에 발표되는 결과는 많은 사람들의 심장을 멎게 할 정도의 위력을 가지고 있다. 그 순간까지 가기 위해 소위 쪼아나가는 과정이 손에 땀을 쥐게 한다. 극심한 경우에는 땀에 손을 쥐게 한다.

게다가 짜릿한 생방송이기까지 하다. 도대체 무슨 프로그램인데, 이렇게 재미있냐고? 대한민국 최고의 버라이어티 〈연금복권 520 추첨 생방송〉이다.

15분에 불과한 복권 추첨 방송이 이렇게 여러 가지 요소로 이루어져 있는데, 유재석의 진행 솜씨가 빛을 발했던 프로그램이 있다. 유재석이 참 재미있게 놀 줄 아는 사람이라는 걸 만천하에 알려준 코너가 있다.

어릴 적 불렀던 동요를 딱 한 번 듣고 주어지는 10번의 기회 동안 정확하게 불러야 한다. 음악적인 요소가 중요한 것이다. 여기에 단 한 사람이라도 틀리면 다시 해야 하기에, 협동이 필요하고 찬스를 잘 뽑기 위해서는 잔머리도 있어야 한다. 스릴과 서스펜스 요소가 있는 것이다. 액션 요소도 중요한 장치다. 약간이라도 가사를 틀리게 되면 위에서 대기하고 있던 5개의 쟁반이 출연자들의 머리 위로 가차 없이 떨어진다.

일인자
유재석

다들 짐작하실 거다. KBS의 심야 토크쇼 〈해피투게더〉에서 했던 코너 '쟁반노래방'이다. 〈해피투게더〉는 2001년 11월 시작하여 몇 번 MC의 변화가 있었는데, 시즌1의 신동엽과 이효리, 시즌2의 유재석과 김제동을 거쳐 현재 시즌3에는 유재석, 박명수, 박미선, 신봉선 체제로 변함없이 이어지고 있다. 중간에 탁재훈과 김아중도 '프렌즈'를 진행하기도 했지만 넘어간다.

'공포의 쿵쿵따'에서 빅 히트를 하고 콩트 코미디의 부활을 위해 모든 것을 쏟아부었지만 참담한 실패로 끝난 재석은, 본격 토크 프로그램을 맡게 되는데 KBS와 MBC에서 2003년과 2004년에 각각 하나씩 하게 된다. 〈해피투게더〉와 〈놀러와〉이다. 아시다시피 두 프로그램은 현재까지도 굳건하게 매주 목요일 밤과 월요일 밤을 지키고 있다.

토크 프로그램은 말 그대로 매주 일정한 초대 손님이 나와 자신들의 이야기를 풀어놓는 프로그램이다. 얼핏 생각하면 만들기 어렵지 않아 보인다.

근데, 어렵다. 묘하게 늘 엇갈린다. 제작진이 듣고 싶어 하는 얘기와 출연자가 하고 싶어 하는 얘기가 일치하는 경우는 많지 않다. 초대 손님이 일단 섭외가 되면 기분 좋게 스튜디오로 오시게 해야 하는데, 제작진이 할 수 있는 건 여기까지다. 무대로 올라가면 그 다음부터는 MC의 역량에 달린 것이다.

그래서 토크 프로그램은 MC의 역할이 중요하다. 그렇기에 토크 프로그램을 한 개도 아닌 두 개를 10년 가까이 유지하고 있다는 건 정말 대단한 것이다.

토크의 달인, 개그의 신사로 대한민국 예능의 역사에 한 획을 확실하게 그었던 주병진마저 오랜 고민과 번민을 딛고 복귀했지만 1년도 채우지 못하고 하차한 걸 보면, 유재석이 얼마나 대단한지 단박에 알 수 있다.

말이 나온 김에 예능의 역사에서 당당히 한 축을 담당하고 있는 토크쇼를 간단히 살펴보자. 그동안 얼마나 많은 토크쇼들이 명멸했을까.

자신의 이름을 내건 예능 프로그램의 성격이 확실히 있는 최초의 토크쇼는 1989년에 첫선을 보인 〈자니윤 쇼〉다. 사실 '1990년대의 코미디'라는 화두로 콩트 말고 무엇이 있을까를 고민한 후 선을 보인 〈일밤〉도 〈자니윤 쇼〉에서 강하게 영향을 받았다.

〈일밤〉에서 내공을 다진 주병진은 SBS로 가서 1993년 〈주병진 쇼〉를 하고, MBC에서는 교양 냄새가 많은 〈김한길과 사람들〉이 방송된다.

토크는 주로 앉아서 한다. 근데 생각해보니 앉아서만 해야 한다는 법칙은 없었다. 말만 할 것도 아니다. 게임을 하면 더 재미있지 않겠는가. 아직까지 국민 게임의 반열에 올라 있는 '참참참'이 들어간 〈이홍렬 쇼〉는 1995년에 시작하여 중간에 2년을 쉬었지만 2001년

일인자
유재석

까지 그 힘을 보여주었다.

이제는 초대 손님의 수를 늘려보자는 생각을 하게 된다. 불꽃 튀는 토크의 향연을 계획한다. 적임자가 있었다. 〈서세원 쇼〉가 1998년 본격 말을 틔운다. 나는 서세원 씨가 너무 고맙다. 서세원이 아니었으면 지금 이 책을 쓰고 있지 못했을 거다. 서세원과 내가 얽혀 있는 하나의 이야기가 있는데, 기회가 되면 얘기하겠다.

토크 쇼를 꼭 남자만 해야 해? 하는 생각들이 고개를 들기 시작했다. 두 명의 여전사가 뭔가 보여준다. 〈이승연의 세이세이세이〉와 〈김혜수의 플러스 유〉가 1998년을 수놓는다.

제작진과 예능인은 한시도 가만히 있지 못하는 사람들이다. 뭐 좀 다른 거 없나를 늘 생각한다. 이번엔 MC가 꼭 한두 명이어야 해? 그래, 집단 MC로 해보자! 2003년 〈야심만만〉이 테이프를 끊는다. 〈놀러와〉도 이 유형에 넣을 수 있다. 〈해피투게더〉도 크게 다르지 않다. 이 밖에도 2007년 시작하여 장수할 수 있었지만 접을 수밖에 없었던 〈무릎팍도사〉가 있고, 현재는 집단 토크쇼인 〈강심장〉, 〈승승장구〉와 일반인이 참여하는 〈대국민 토크쇼 안녕하세요?〉가 있다. 이 정도면 유재석이 키를 잡고 있는 〈해피투게더〉와 〈놀러와〉가 얼마나 대단한 프로그램인지 알 수 있을 거다.

그렇다면 유재석이 진행하는 토크 프로그램이 장수하는 이유는 뭘까. 여러 가지 이유가 있겠지만 딱 한 가지만 들면, 초대 손님이 편하게 왔다 갈 수 있게 한다는 점이다.

배우나 가수는 자신의 인간적인 면을 보여주기 위해서는 토크 프로그램 같은 예능에 출연하는 방법 말고는 크게 없다. 드라마나 영화, 쇼 무대에서는 자신의 인간적인 면을 보여줄 수 있는 구조가 아니기 때문이다. 그래서 출연을 하게 되는 건데, 문제는 자칫 말실수를 한다거나, 예상하지 못한 인간적인 면을 보여주게 되면 괜히 출연한 셈이 되는 것이다.

또 짜인 무대에만 익숙하기에 애드리브가 난무하는 예능에서 자칫 적응을 못할 수 있어 조심스러울 수밖에 없는데, 진행자가 얼마나 잘 이끌어주는가에 따라 결정되기도 한다. 유재석은 바로 이런 점들을 능수능란하게 한다. 그래서 출연자들이 언제나 만족해하며 다시 출연하고 싶어 하는 것이다.

"제가 〈해피투게더〉라는 프로에 얼마 전에 나갔어요. 거기 나갔는데 너무 저를 잘 도와주시면서 방송을 마음 편하게 하라고…… 그래서 방송 편하게 했는데 끝나고 나서 인터넷에 보니까 호감이라고…… 많이 올라왔더라고요……. 이 프로에 대해서 너무 감사드리고, 유재석 선생님! 너무 감사합니다!" 애프터스쿨의 리지가 다른 프로그램에서 한 얘기다. 얼마나 좋았으면 그랬을까.

같이 일하는 피디도 유재석에 대해서는 칭찬 일색이다.

"일단 제작하는 사람들의 입장을 많이 배려해주는 것 같아요. 저희가 원하는 게 뭔지, 이 프로그램에서 어떤 의도를 가지고 어떤 것을 끌어내려고 하는지 제일 먼저 파악하고 있고, 그래서 녹화장에

**일인자
유재석**

서의 집중력이 뛰어나서 저희가 의도하는 바들을 충분히 소화해내고 이끌어내서 좋은 결과를 만들어준다"고 말한다.

이렇기 때문에 내로라하는 스타들이 유재석이 하는 토크쇼에는 기꺼이 출연하고, 출연하고 싶어 한다. 영화 홍보를 위해 예능 프로에 처음으로 출연한 배우 설경구도 그렇다. "유재석에게 물어가야 한다"면서 〈놀러와〉에 출연한 적이 있다.

10년을 목전에 두고 있는 〈해피투게더〉와 〈놀러와〉. 20년을 향하며 계속 변신을 시도하고 있다.

먼저 〈해피투게더〉는 올해부터 G4를 전격 투입했다. 기존의 MC들인 유재석, 박명수, 박미선, 신봉선에 최효종, 김원효, 정범균, 허경환에 G4를 이끈다는 명목으로 김준호까지 들어와 졸지에 주인들만 9명이 되었다. 여기에 평균 4~5명이 초대 손님으로 나오니 〈해피투게더〉는 약 15명 정도가 토크를 하는, 그야말로 왁자지껄한 토크쇼가 되었다. 이러한 변화를 두고 언론에서도 산만하다, 정신없다, 그나마 유재석이 조율을 잘하고 있어 다행이다 등의 비판을 하고 있다.

과연 어떤 의도를 노리고 G4를 투입한 것일까. 나는 들어온 친구들이 전부 개그맨이라는 것에 주목하고 있다. 유재석은 뼛속부터 개그맨이기에 개그맨에 대한 애정은 언제나 가지고 있고, 후배 개그맨을 챙기는 너무도 많은 에피소드가 있다. 단순히 후배 개그맨들이 프로그램을 할 수 있게 해준다는 것을 말하는 게 아니다.

토크쇼에서 또 하나의 실험을 하고 있는 게 아닌가 한다. 개그맨들은 버라이어티에 약하다는 속설이 있다. 개그콘서트에서는 빵빵 터뜨리는데, 예능 버라이어티나 토크쇼에만 나가면 입을 다문다는 것이다.

하지만 개그맨들이야말로 유머에 관한 한 프로일 수밖에 없을 터, 꾸준히 장을 만들고 그 속에서 경험을 쌓게 하면 개그맨들도 훌륭하게 버라이어티를 만들 수 있다는 것을 보여주려는 게 아닌가. 그 자신이 이미 충분히 겪어왔기 때문이다.

유재석의 계획이 내 생각과 다르지 않다면, 꼭 성공하기 바란다.

X맨을 찾아라!

심야 토크쇼에서 수다를 떨지만, 유재석이 가야 하는 곳은 역시 질펀한 놀이가 있는 곳이었다. 이미 '스타 서바이벌 동거동락'으로 유재석이라는 사람이 얼마나 잘 노는지, 많은 사람들과 있어도 한 명 한 명이 만족해하며 즐거울 수 있다는 것을 증명했기에, SBS의 토요일 저녁은 유재석을 위한 마당을 준비하고, 야심차게 출발한다. 2003년 11월 첫선을 보이는 〈실제상황 토요일〉의 'X맨을 찾아라'이다.

'X맨'에서 노는 방식은 '동거동락'보다 한 걸음 더 나간다. 사전

**일인자
유재석**

에 출연자 가운데 한 사람을 X맨으로 지정하고, 당사자에게만 알려준다. X맨의 임무를 부여받은 출연자는 미리 구체적인 지령을 받아 게임 진행을 몰래 방해하는 역을 맡는다. X맨은 출연자들에게 들키지 말아야 하고 출연자들은 누가 X맨인지 찾아내야 한다. 그러니 게임이 전개되면서 서로 간에 긴장감이 흐를 수밖에 없다.

내가 X맨을 하는 작가도 아닌데, 방송작가라는 이유로 나한테 물어보는 사람들이 있었다. 유재석은 X맨이 누군지 알지 않느냐고. 그러면 난 이렇게 말하곤 했다. 아마 초기에는 프로그램을 확실하게 진행하고 감을 잡기 위해서 알고 진행했을 수도 있지만, 어느 시점 이후에는 유재석도 모를 거라고.

아는 후배 작가가 'X맨'을 하고 있었지만, 사실 물어보나 마나 한 일이기 때문이다. 아무리 메인 MC라고 해도 알면 재미없어진다. 사람인지라 표정에 나타나게 되어 있다. 더군다나 유재석이라는 사람의 성격상, 아마 제작진 중 누군가가 살짝 알려주겠다고 해도 그러지 마시라고 했을 거다. 왜? 유재석은 프로그램 전체를 생각하기 때문이다.

방송작가를 한다고 하면 물어보는 전형적인 질문들이 몇 가지 있다. 질문 3종 세트인데,
"그 사람 말하는 거, 대본에 있는 거야?"
"그 사람, 그거 정말 몰랐던 거야?"

"OOO 봤어?" "어" "예뻐?"이다.

〈일밤〉을 하고 있을 때 나를 아는 사람들에게 가장 많이 받은 질문이 이경규를 국민 개그맨으로 만들어준 '몰래카메라'에 대해서이다. 같이 작업하지 않았는데도 "몰래카메라, 진짜 속이는 거야?"라고 물어본다. 처음 들었을 때는 솔직히 나도 궁금했다. 선배 작가 형한테 물어봤다.

"어, 진짜 속이지."

"그럼, 그 사람 진짜 속는 거야?"

"어. 생각해봐, 여러 사람이 한 사람 바보 만드는 거 쉬워? 어려워?"

"쉽지."

"그러니까 우리도 진짜 속이고, 그쪽도 진짜 속지."

난 그대로 전해준다. 진짜 속인다고. 그런데도 아주 조금은 떨떠름해하는데, 진짜로 속인다고 전제하면서 약간 더 하는 얘기는 있다. 문제는 100% 완벽은 없다는 것이다. 제작진도 이경규도 인간인지라, 예측할 수 없는 상황들이 생길 수도 있다.

여기에서 두 가지 경우가 있었다는 정도로만 밝히고자 한다. 하나는 자신을 속인다는 걸 눈치챘는데, '몰래카메라죠? 난 안 속지, 메롱~' 하지 않고 속는 것처럼 연기를 계속하는 경우다. 연기자는 물론이고 다들 끼가 철철 넘치는 분들이었으니, 연기를 하는 건 아주 어렵지는 않았을 것이다.

다른 한 가지는, 최악의 경우인데 들통나는 상황이다. 이런 경우

유재석 TV
도전! 무명에서 유명으로

**일인자
유재석**

는 일단 촬영을 접는다. 두 가지 중 하나를 선택한다. 다른 대상자를 물색해서 하는 경우와 속는 것처럼 가자고 하는 경우다. 실제 누구 편이 그랬는지는 모른다.

'X맨'에서도 유재석의 진행 솜씨는 진화를 거듭한다. 13시간을 녹화하면서도 지치지도 않고 쉴 새 없이 떠들어댄다. 그날의 출연자들을 한 사람 한 사람 정성껏, 임팩트 있게 소개한다. 누구 한 사람 소외되지 않도록 끊임없이 살펴가며 보듬어준다.

하하가 김종국이 보는 앞에서 자신의 후속곡이 "머리부터 발끝까지 사랑"이라고 하며 두 번이나 노래를 부르면 "근데 부를 때마다 노래가 조금씩 달라지는데요?"라며 하하와 종국 모두를 웃게 만든다.

시아준수가 멋들어지게 "what are gotta do~" 하면 "와러가라두 나오잖아요, 왜 나를 가두냐 이거예요"라는 극상의 애드리브를 날린다. 댄스 신고식에서 스태파니가 춤을 추면 재석은 "어머나! 어머나!" 하며 최강의 리액션 신공을 보여준다.

당대 최고 화제의 코너 '당연하지'가 시작되면서 유재석의 진행력은 절정에 달한다. 게스트에 맞게 질문과 해야 할 것들을 배분해준다. '당연하지'를 할 때 재석이 하는 말들은 다 대본에 있는가, 라는 질문 또한 많이 받았기에, 2005년 크리스마스 특집으로 한 'X맨' 51기, '당연하지' 부분의 대본을 보여드리겠다. 'X맨'으로 한

국방송작가협회 예능 작가상을 받은 이미선 작가의 대본이다.

S#4. 미션 II / 당연하지

〈게임 진행방식〉 1 : 1 대결

① 서로 번갈아가며 질문을 하고, 어떠한 질문에도 '당연하지'라고 대답해야만 한다.
② 말문이 막혀 '당연하지'라는 대답을 못하면 패!

- 당황스러운 질문이 이 게임의 묘미!
- 비방용 질문 / 인신공격성 질문은 피해주세요 (어차피 방송 못 나갑니다!)

재석	이번 순서는! 여러분의 크리스마스 파티에 빠져서는 안 될 순서죠! 2005 최고의 유행어!
다같이	(모션과 함께) 당연하지~!
호동	시청자 여러분~ 메리 크리스마스! 호동이가 시청자 여러분들을 위해 작은 선물을 준비했습니다. 호동이를 사랑해주시는 여러분! 여러분들의 사랑을 당연하지 2승으로 보답해 드리겠습니다.
경림	그 얘기는 보답할 맘이 전혀 없다는 뜻이죠? 그나저나 오늘이

유재석 TV
도전! 무명에서 유명으로

**일인자
유재석**

크리스마스 아닙니까! 크리스마스, 말 그대로 사랑의 기적이 일어나는 날 아니겠습니까! 오늘 저 박 팀장! 크리스마스 기적과 같은 멋진 로맨스 자신 있습니다!

재석 아무리 크리스마스라지만 두 분 다 너무 큰 바람인 것 같은데요. 과연 오늘 말 그대로 기적 같은 '당연하지'가 탄생할지 기대해보면서 크리스마스 특집 '당연하지' 지금부터 시작합니다!

'당연하지' 게임 시작!

여기까지다. 놀라셨는가? 당연하지! 물론 출연자들에 대한 기본적인 정보는 작가들이 제공해준다. 하지만 그건 말 그대로 기본일 뿐, 재미있는 말을 한다거나 분위기를 살린다거나 소외되는 출연자를 배려한다거나, 결정적으로 중요한 건 당연하지를 패배를 선언했을 때 당사자가 승복하게 해야 한다는 것이다.

어떤 말을 했을 때 패배 여부를 결정할 것인지, 상당히 애매할 때가 많기 때문에 자칫 어설프게 했다가는 출연자들의 불만이 적지 않은 것이다. 바로 이런 것들을 잘 조율하고 컨트롤을 잘했다는 것이 놀라운 것이다.

SBS의 토요일 저녁을 평정한 유재석은 2004년 가을 SBS의 오랜 소망인 일요일 저녁을 평정하라는 명령을 받고 〈실제상황 토요일〉에서 'X맨'만 싹 빼서 〈일요일이 좋다〉로 옮겨가는 보기 드문 편성을 하게 된다.

당시 일요일 저녁을 호령하고 있던 MBC 〈일밤〉의 막강 '브레인 서바이벌'와 '러브하우스'를 부찔러야 했던 것이다. 'X맨'과 '반전 드라마'라는 최강의 진용을 구축한 결과, 결국 〈일밤〉을 누르게 된다.

일요일 저녁마저 접수해버린 유재석, 그의 시선은 MBC의 토요일을 향하고 있었다. 유재석에게는 꿈이 있었다. 전부터 조금씩 시도했지만 아직 시기가 아니어서 접을 수밖에 없었던, 오래전부터 하고 싶고 이루고 싶어 했던 꿈. 그 꿈을 펼칠 수 있는 장이 MBC에서 토요일에 준비가 되고 있었다.

가는 거야! 무한도전

1990년대는 대부분의 프로그램을 MBC에서 했고, 유재석은 무명으로 있었기에 당시에 나의 레이더에 포착되지 않았다는 건 말씀드렸다. 2001년에서 2006년은 〈찾아라! 맛있는 TV〉에 푹 빠져 음식의 세계를 헤매고 다니느라 사람 유재석을 제대로 알아보지 못했다는 것을 고백한다.

2005년 당시 맛있는 TV 제작사가 있던 홍대 주차장 거리를 다닐 때 나와 〈쇼! 토요특급〉을 오랫동안 했던 피디를 우연히 만났다. 한참 촬영 중이었다. 무슨 프로그램이냐고 물으니, 〈토요일〉이라고

일인자
유재석

했다.

얼마 뒤, 나와 같은 해에 출발한 개그맨 표영호와 오랜만에 얘기할 기회가 있었다. 요즘 뭐하고 지내냐고 물으니, "형, 나 오랜만에 토요일 저녁에 고정 들어갔는데, 솔직히 힘들어" 하며 얘기했던 게 바로 '무모한 도전'이었다. 도대체 누가 표영호를 힘든 게 한 것일까. 무엇이 그를 힘들게 한 것일까.

"형, '무모한 도전'이라는 코넌데, 정말 무모해."

"근데 왜 하는 거야?"

"재석이가 하자니까 하는 건데, 솔직히 나한텐 안 맞는 거 같아."

1993년 MBC 예능국에서는 코미디 작가와 개그맨을 거의 비슷한 시기에 뽑았다. 무지막지한 경쟁률을 거쳐 글로 웃기려는 5명의 남녀와 말과 몸으로 웃기려는 10여 명의 남녀가 MBC 뒤에 있는 식당에서 환영회도 같이 하였다.

나와 나이 차이가 가장 적게 나고, 서로 제일 멀쩡하게 생겼다는 이유로 친하게 된 개그맨이 표영호다. 어떻게 저렇게 생길 수가 있지, 라는 생각을 하게 한 박명수가 '우씨~' 하며 우리를 째려보지 않았나 싶다. 아님 말고.

표영호는 서울예대를 나온 말끔한 외모를 가진 친구다. 샤프했다. 처음부터 MC가 목표였기에, 주어지는 콩트를 하는 것 외에는 당시 대부분의 개그맨이 섭외가 오기만 하면 고맙다며 하곤 했던 리포터도 거절한 친구다. 영호는 말로 하는 자신의 개그를 알아봐

주는 피디와 작가가 거의 없다며 한숨을 쉬곤 했다.

그의 주변에 사람들이 많았다. 훗날 김용만, 김국진, 지석진, 유재석 등과 함께 그 유명한 '소동아리 클럽'의 멤버가 되기도 한다.

유재석이 스타가 되는 그날을 위해 쉴 새 없이 떠들었다면, 표영호는 유재석의 얘기를 열심히 들어줬다. 김용만과는 놀기 바빴고, 김국진과는 필드를 누볐다. 그렇게 자신의 목표를 가슴에 간직하고 열심히 살던 표영호가 방송을 하는 게 힘들었다는 것이다. 황소와 줄다리기를 하고, 전철과 달리기를 해야 했던 것이다.

결국 영호는 '무모한 도전'을 빠지고, 자신이 좋아하는 곳을 찾아 떠난다. 무엇이든 자신이 진정 좋아서 해야 의미도 있고 힘이 나는 법이다. 물론 유재석은 좋았고 힘이 났고, 도전해볼 만했다.

2005년 4월 23일, 이날을 우리는 기억해야 한다. 대한민국에서 진정한 리얼 버라이어티가 시작된 날로 선포하면 어떨까 싶다.

'무모한 도전' 제1회가 시작되었다. 멤버는 유재석에 정형돈, 노홍철에 표영호가 있었고 게스트로 이정이 나왔다. 도전 과제는 '황소 대 인간의 줄다리기 대결'이었다. 허접한 저 예산 판자 세트 앞에 유재석이 서 있고, 주변을 마치 이종격투기 하듯 가운으로 얼굴을 가린 네 명이 자신의 소개를 기다리고 있다. 유반장 유재석, 잔머리 표영호, 힘 정형돈, 수다박사 노홍철과 댄서리 이정으로 소개된다.

**일인자
유재석**

　재석이 오프닝을 하면서 계속 떠드니까 형돈은 "근데 우리는 언제 말해요?" 하니까 재석은 "따로 정해진 거 없습니다. 지금 하세요"라는 상황이 연출된다.
　리얼하게 한다는데 어디서 어디까지가 리얼한 건지, 어떤 표정을 지으면 좋을지 갈팡질팡하는 가운데 조금씩 안정이 되어간다. 여기서 안정이 되었다는 건 프로그램이 안정되었다는 게 아니라 출연하는 사람들의 마음가짐과 행동거지를 말한다.

　'무모한 도전'은 도대체 어떤 도전을 했기에 무모하다고 선언한 걸까.

　황소 vs 인간 줄다리기
　전철 vs 인간 100m 달리기
　유람선 vs 오리배
　자연배수 vs 인간 물 빼기
　개 vs 인간 개헤엄
　탈수기 vs 인간 빨래 짜기
　동전 분류기 vs 인간 동전 분류
　버스 안에서 손잡이 안 잡고 버티기
　기계 세차 vs 인간 세차
　심지어는 모기향 vs 인간 모기 잡기
　썰매 개 vs 인간 썰매 끌기를 한 후

26회 '놀이기구에서 립스틱 바르기'를 끝으로 장엄하게 막을 내린다.

제목 그대로 정말로 무모한 도전이었다. 시청률이라도 좋았다면 이 모든 게 용서가 되기라도 할 텐데, 바닥을 기었다. 다만 진정성이라는 건 보여주었고, 시청자도 조금씩 느끼고 있었다는 게 성과였다.

게시판이 들끓었고 도전 아이템도 제안했다. 연예인도 이 친구들을 주목하기 시작했는데, 특히 영화배우 차승원은 스스로 전화를 걸어 출연 요청을 했고 출연했다. 무도 멤버들과 함께 무연탄 산을 올랐고 철창 안으로 연탄 일병을 가지고 들어갔고, 컨베이어벨트에서 나오는 연탄을 쉬지 않고 날랐다.

그렇지만 무모한 건 무모한 것이었다. MBC에서도 변화를 압박하기 시작했다. 그동안 같이 무모한 연출을 해온 권석 피디가 물러나고 새로운 피디가 들어온다. 김태호 피디. 무모한 피디는 아니었지만, 무리수를 두는 피디였다. '무모한 도전'을 바꾸겠다고 선언하고 코너 제목도 바꿔버린다. '무리한 도전'으로.

그렇게 해서 '무모한 도전'으로 시작하고 약 7개월 정도가 흐른 2005년 10월 29일, '무리한 도전'이 시작된다. 멤버에 대한 구조 조정이 단행되었는데, 역시 무리가 있는 조정이었다. 기존의 유재석, 노홍철, 정형돈, 김성수에 2기 멤버로 박명수, 이윤석, 조혜련, 윤정수가 들어온다.

일인자
유재석

　1기 멤버는 그래도 선배랍시고 한 명 한 명 호명되어 들어오는 2기들을 보며 "에이~, 저건 아니지~" 하면, 재석은 "MC도 고정이 아닙니다. 어차피 대안이 없으니까요"라며 위안과 위로를 주는 모습이 정겹다.

　이렇게 해서 '무모한 도전'에 이은 '무리한 도전'의 대장정에 들어가는데,
　그네를 타고 신발 던지면 받아야 하는 그네 야구
　조랑말 vs 인간 500m 달리기
　소방차 vs 인간 불끄기
　낙엽 청소차 vs 인간 낙엽 쓸기 등
　'무모한 도전'과 거의 다를 게 없는 '무리한 도전'이었다는 결론을 신속하게 내린다. 깊은 성찰에 들어간다.
　'무모한 도전'으로 시작하여 '무리한 도전'까지 왔는데, 도대체 무엇이 문제였을까? 2000년부터 문을 두드리기 시작했던 유재석의 오랜 꿈, 이제는 실현할 수 있다는 꿈을 꿀 때도 됐는데 무엇이 문제였을까. 김태호 피디와 유재석과 아이들은 고민하는데, 때는 12월로 접어들고 있었다. "아, 추워! 밖에서 그만, 실내로 들어가자!"
　일단 실내로 들어온 무한도전은 그동안 패배할 수밖에 없었던 이유는 몸이 아닌 머리에 있다고 최종 결론을 내린다. 그렇다면 이젠 무엇을? 퀴즈를 풀어 두뇌를 단련하는 것, 바야흐로 무한도전 3기

'퀴즈의 달인'의 서막이 오르는 순간이었다.

MBC 마당에 텐트를 치고 그곳에서 진행한다. '퀴즈의 달인' 첫 회는 미리 조사한 지능지수 테스트 결과를 발표하면서 시작한다. 이 장면은 지금 다시 봐도 웃음이 나온다. 먼저 김성수의 지능지수를 분야별로 발표하는데, 박명수가 대놓고 웃으니까 재석은 "절대 웃으시면 안 됩니다"라고 주의를 준다. 그런데 계산 능력을 발표하려는 순간 재석이 스스로 "푸훗" 하고 웃음을 터뜨린다. 형돈이 "아니 왜 먼저 웃으십니까?" 하면 재석은 말한다.

"집에서 웃을 일이 있어서……."

지능지수 점검이 끝나면 본격적으로 지적 능력을 높이기 위한 게임에 들어가는데 '거꾸로 말해요 아하~'를 한다. 마지막에는 암산왕을 초청, 대결을 하는데 역시나 전패를 하는 것으로 첫 회가 마무리된다.

김태호 피디도 말하고 있지만, 사실 겨울이라거나 머리가 문제였다고 한 건 재미있자고 하는 것이었고, 촬영할 때는 정말, 무지무지 재미가 있는데 방송으로 보면 왜 재미가 떨어지는지가 가장 큰 고민이었다고 한다.

결론은 캐릭터였다. 스튜디오라는 공간은 집중하기가 용이한 곳이어서 놓치기 쉬운 사소한 대사나 반응들을 살릴 수 있다. '거꾸로 말해요 아하~' 같은 게임이나 '키스를 부르는 입술', '이다해와 결혼하면 태어날 딸의 외모' 같은 순위 놀이를 하면서 각자의 캐릭

**일인자
유재석**

터들이 도드라지기 시작하는데, 비로소 무한도전의 원대한 미래가 차츰 확실해지기 시작한다.

이쯤에서 표영호의 얘기를 다시 들어보자.

"사실 재석이는 무한도전 이전에 많이 실패했다. 걔가 하고 싶은 게 있었고 계속 시도를 했는데 잘 안 된 것이다. 그런데 2005년에 다시 시도를 한 거다."

유재석이 하고 싶어 했고, 했는데 실패한 것들은 무엇일까. 2000년 〈한국이 보인다〉에서는 '지존을 찾아서'와 '인정사정 볼 것 없다'로 금메달리스트에게 도전하는데, 유재석과 약간 떨어지는 친구들이 모여서 무엇인가에 도전하는 것을 최초로 선보였다.

물론 예능인들이 무엇인가에 도전하는 형식은 그전에도 있었다. 〈일밤〉의 화려한 부활을 알려준 코너가 주병진과 이경규, 김흥국, 노사연이 프로들에게 배우는 '배워봅시다'와 불혹을 훌쩍 넘은 개그맨 이홍렬이 번지점프와 스카이다이빙 같은 것에 도전하는 '이홍렬의 한다면 한다!'가 있었다.

나는 번지점프를 딱 한 번 해봤다. 호주 케언즈라는 지역에서 경험했는데, 이홍렬이 촬영할 때 구경만 하고 돌아오면 후회할 것 같아서 도전했다. 약 40여 미터 높이 위에 섰다. 올라가기 전에 몸무게를 재는데, 아마도 체중에 따라 줄의 길이를 조절하는 듯했다. 많은 연예인들이 공중으로 올라가는 것 자체를 두려워한다. 유재석도 〈동거동락〉 첫 회에서 고공 낙하 훈련을 할 때 하지 못하겠다며 쌩 난리를 치며 무서워했는데, 나는 올라가서 뛰어내릴 준비를 하는 데까지는 이렇다 할 마음의 동요는 없었다.

군대였으면 '애인 있습니까~'라는 질문에 우렁차게 대답했겠지만, 호주였기에 무슨 질문을 받았는지 기억은 안 난다. 교관은 "How are you~~~?"를 던지고, 나는 "Fine thank you, and you?"라고 하지는 않았을 거다.

모든 준비를 하고 뛰어내리기 위해, 한 발을 내딛고 서는데, 바로 그 순간! 비로소 흠칫한다. 한 발만 내디디면 낙하를 하게 되는, 나의 의지로 내 몸을 던져야 하는 상황! 아~ 이래서 번지점프가 쉬운 것만은 아니구나, 라는 생각을 그 순간 하긴 한다. 자신의 몸을 던지는 투신이라는 게 쉬운 게 아니겠구나, 하는 생각도 떠오른다. 근데 난 연예인이 아니니 시간을 끌어서도 안 되고 못한다고 해도 아무도 주목하지 않는다. 몸을 던졌다. 설마 죽기야 하겠어?

내가 번지점프를 해봤다고 하면 누구나 묻는다. "어땠어?" "어떤 느낌이야?" 난 이렇게 얘기한다. "차원을 이동하는 느낌?" 그렇게 떨어지고 아래에 있는 호수에 머리가 닿을 수도 있고 닿지 않고 몇 번 튕겼다가 내려오면 끝, 번지점프 아무것도 아니다.

그런데 스카이다이빙은 솔직히 무서울 것 같다. 소형 비행기를 타고 1킬로미터 이상으로 올라가야 한다. 아마추어이기에 체험자가 아래쪽에 교관이 위쪽에 바로 붙어 두 명이 함께 내려오는 형식이다. 비행기에서 몸을 던지면 슈우우욱~ 빠른 속도로 내려오다

유재석 TV
도전! 무명에서 유명으로

일인자
유재석

땅에 닿기 전에 낙하산을 펼치면 상황 끝.

그렇지만 그렇게 높은 곳에서 몸을 던지는 건 무서운 일이고, 그걸 도전해서 해낸 이홍렬은 대단한 사람임에는 틀림없다. 끝나고 이런 얘기를 하였다.

"그렇게 높은 곳에서 내려오니까 무슨 일 생길 수도 있는 거 아냐. 근데 내가 밑에 있고 교관이 내 위에 있잖아. 그래서 내려오면서 불상사가 생기면 이걸 어찌해야 하나…… 고민하다가 그래, 땅에 닿기 직전에 몸을 싹~ 뒤집어야지!"

그 와중에 그런 생각을 했다니, 역시 이홍렬이었다. 근데 그 교관은 자기 몸이 뒤집히도록 방심하고 있을까?

이렇게 예능인들이 무엇인가에, 특히 오랜 훈련을 필요로 하는 스포츠에 도전하는 건 있었다. '배워봅시다'는 해프닝이 많이 차지했다. 스튜디오에서 방청객을 앞에 두고 하다 보니 진정성보다는 웃음에 더 많은 초점이 있었다.

물론 당시에는 획기적인 발상이었다. 저렇게 다른 분야의 달인들이 나와서 함께해도 웃음이 되는구나를 알려준 〈예능의 정석〉 제2부 버라이어티 편 6장 '코너' 편에 당당히 한 페이지를 차지할 위상을 갖고 있다.

'이홍렬의 한다면 한다!'는 이미 500원짜리 동전을 콧구멍에 집어넣는 강인한 도전 정신을 보여준 이홍렬이라는 개그맨의 캐릭터에 전적으로 의존한, 한 사람의 소박한 도전이었다. 야외로 나가고,

난이도 있는 종목에 불혹을 넘긴 개그맨이 도전한다는 점에서 의미가 있었다.

유재석은 이러한 도전 정신을 계승하면서 내용에 변화를 주는데, 우선 혼자가 아닌 여러 명이 도전하는 것으로 했다. 혼자가 하는 것보다 다양한 상황이 나오리라는 건 당연할 것이다.

팀원들은 우리 주변 어디에서나 볼 수 있는, 전혀 세련되지 않고 샤프하지 않고 똑소리 나지 않는 친구들로 구성한다. 왜? 그래야 재미있을 테니까. 똑똑한 사람, 몸짱인 사람이 도전하는 것보다 그렇지 못한 사람이 도전하는 게 더 힘들고 많은 이야기들이 나오리라는 건 당연한 거다. 이혁재, 김종석, 남창희, 지상렬 등이 이 시절 같이 웃고 울던 친구들이다. 2003년에는 〈슈퍼TV 일요일은 즐거워〉에서 '천하제일 외인구단'이라는 제목으로 도전에 나선다. 주로 스포츠 스타나 스포츠 팀과 대결하는데, 대결하기 전에 일정 연습을 하는 것이 추가되어, 내용이 훨씬 풍성해진다.

여기에 2004년에는 SBS의 〈일요일이 좋다〉에서 '유재석과 감개무량'이라는 이름으로 고수들에게 무술을 배워보는 것을 시작한다.

당시의 기사를 보면 그 밥에 그 나물, 아류와 모방이라는 비판을 적지 않게 볼 수 있다. 이런 재탕과 모방에 대한 이야기는 2005년 '무모한 도전'이 시작됐을 때 가장 극에 달한다. 중요한 건 유재석은 이걸 알면서도 꾸준히, 뚝심으로 해왔다는 것이다.

**일인자
유재석**

그리고 그동안과 2005년이 달라진 게 있었다. 2005년의 유재석은 그전의 유재석이 아니었던 것이다. 표영호가 말한다.

"'무모한 도전'을 시작할 무렵에는 이미 재석이는 무시 못할 스타로 커 있는 상황이었다. 그랬기 때문에 MBC에서도 1년이고 2년이고 기다려줄 수 있었던 것이다."

도대체 유재석은 왜 비판을 받으면서도 계속 도전한 것일까. 그는 이렇게 얘기한다.

"방송 3사를 돌며 그렇게 뭔가 부족한 멤버들과 하도 도전을 하고 다니니까 어떤 분은 저한테 그러시더라고요. 한 맺혔냐고요. 아, 근데 전 한이라기보다는 그냥 알려드리고 싶었어요. 많은 건 필요 없고, 그저 조금만 지켜보고, 물만 조금만 줘도 꽃을 피울 수 있다는 사실을요. 정말 많은 건 필요 없어요. 그냥 지나가다가 밟지만 말고, 그냥 놔두기만 해도 알아서 꽃이 피어날 수 있다는 사실을 보여주고 싶었어요. '네, 맞아요. 우리 많이 부족해요. 우리 한참 멀었어요. 모자라요. 그렇게 많은 관심 안 가져주셔도 돼요. 그냥 밟지만 말아주세요. 그럼 우리도 꽃 피울 수 있어요.' 그런 마음을 보여주고 싶었어요."

이렇게 해서 '무리한 도전 - 퀴즈의 달인'으로 각자의 캐릭터가 자리 잡기 시작하고, 이윤석이 빠지는 자리에 정준하가 들어와 전열을 정비한다.

지적 능력을 강화시키는 '퀴즈의 달인'은 20회를 방송하고, 마침내 2006년 5월 6일! 〈무한도전〉은 당당한 하나의 프로그램으로 독립을 하고, 미쉘 위 특집으로 대장정을 시작한다. 매년 5월 6일은 〈무한도전〉 독립기념일로 삼는 건 어떨지.

대한민국의 평균 이하임을 자처하는 일곱 남자의 리얼 버라이어티 쇼 〈무한도전〉은 국내 최초의 리얼 버라이어티라고 내걸었지만, 대본으로 완벽하게 짜여진 프로그램이 아니기 때문에 정답은 없다. 제작진과 출연자가 함께 만들어가는 수밖에 없다. '리얼'이라고 표방은 했는데 도대체 리얼이라는 게 뭔지 알 것도 같았고 모를 것도 같았다.

방송 프로그램은 출연자들의 스케줄을 맞춰 매주 정해진 요일에 모여 촬영한다. 당연히 오늘 촬영은 몇 시까지 어디로 오시면 됩니다, 라고 작가들이 연락을 하고, 매니저는 자신이 맡고 있는 연예인을 데리고 온다.

그런데 세상 어떤 모임이든 일찍 오는 사람이 있고 늦게 오는 사람이 있다. 가까운 데 사는 사람이 제일 늦게 온다는 속설이 우리나라만 있는 게 아니고 알고 봤더니 아프리카 튀니지에도 있을 수 있다. 어쨌든 스태프들이 먼저 와서 카메라 등을 세팅해놓으면 한 명 두 명 출연자들이 도착하고, 오늘 촬영에 대한 기본적인 사항에 대해 얘기를 듣고 촬영에 들어갈 것이다. '하이…… 큐!'

2006년 7월 8일에 방송한 10회는 도대체 출연자들은 제 시간에 모이는지, 누가 늦고 누가 일찍 오는지를 '리얼'로 담아 보여주고

**일인자
유재석**

있다. 이른바 '일찍 와주길 바래'이다. 유재석이 그날은 일찍 왔나 보다. 시계를 세운 다음 지금 촬영할 내용을 얘기한다.

"저희는 있는 그대로의 모습을 보여줍니다. 오늘은 녹화 전 모습은 어떨지 알려드리겠습니다. 일찍 와주길 바라!"

약속 시간은 오전 10시. 형돈이 먼저 온다. 형돈은 이미 카메라가 돌고 있는 걸 보고 놀란다. 재석에게 취지를 얘기 듣고 좋아하며 다음은 누가 올지 예측해본다. 재석은 자기가 일찍 온 사실에 대해 너무 좋아하며 호들갑을 떨면서 끊임없이 얘기한다. 정말 쉴 새 없이 떠든다. 언젠가 표영호가 얘기한 "재석이 걔는 쉴 새 없이 떠들어"라고 한 게 이건가 싶을 정도다. 어느 순간 우연히 찾아오는 행운에 대한 담론으로까지 나간다. 그새를 못 참고 계란을 먹고 온 형돈의 모습을 그대로 보여주는데, 재석이 얘기한다.

재석 우리는 리얼리티 쇼입니다.
형돈 연예인 차는 대부분 카니발 아닙니까?
재석 축제 차량이죠.

10시 23분, 홍철이 도착하는데 이 상황에 대해 무척이나 억울해한다.

홍철 제가 지난주에는 먼저 왔지만 시청자는 오늘 이 모습만 보는 거잖아요.

재석 시청자는 우리가 열심히 하는 걸 바라는데 이렇게 늦어서 어떡해요? 반성의 시간 한번 가지시죠.

4위 도착은 준하다. 허둥지둥 대는 준하의 모습을 재석은 신나 중계한다. 명수는 40분에 도착하는데 앞의 상황이 심상치 않음을 느끼고 멈칫하기도 한다. 일단 시청자에게 사과하고 핑계를 얘기하는데, 이미 앞에서 다 한 거라는 얘기에 명수는 한숨을 내쉰다. 재석은 그런 명수를 따라 하면서 웃는다.

49분, 하하가 도착하고, 재석은 앞으로 계속 불시 점검할 수 있다고 하자 다들 얘기한다.

"아니, 이런 프로그램이 어딨어?"

이렇게 좌충우돌하며 리얼 버라이어티가 진화해가기 시작한다.

〈무한도전〉은 우리 같은 작가가 볼 때 무척이나 힘든 프로그램이다. 매주 특집이기 때문이다. 보통 예능 프로그램을 구상할 때 피디와 작가가 모여 회의를 하면 최종 목표는 그럴듯한 틀을 잡는 거다.

'틀'이란 영어로는 '툴(tool)'이다. 고정으로 할 수 있는 장치를 말하는데, 예를 들어 '스타를 깜빡 속이는 틀'이면 '몰래카메라'가 되는 거다. 매주 부대를 돌면서 장병들의 끼를 보고 한 명의 어머니를 초대하는 틀이면 〈우정의 무대〉가 된다.

일인자
유재석

고정 틀에 목을 매는 것은 그래야 제작하기가 수월하기 때문이다. 틀만 좋으면 매주 연예인만 바꾸면 된다. 문제는 이런 틀을 만들어내기가 정말 쉽지 않다는 거다. 아무리 머리를 쥐어 짜내도 틀이 안 나오면 누구나 툴툴댄다. 틀만 나오면 피디와 작가는 큰 짐을 더는 것이다. 틀림없다.

그런데 이놈의 〈무한도전〉이라는 프로그램은 고정 틀이라는 게 아예 없다. 유명 스포츠 스타를 초대해 노는 것은 그렇다 치고, 월드컵 특집이야 월드컵을 한다니까 그렇다 치지만, 갑자기 초등학교 시절로 돌아가 놀지를 않나, 소풍을 가지 않나, 출연자의 집을 갑자기 쳐들어가지 않나, 김장을 한다고 난리를 치기도 한다. 심지어는 몸치들인데 슈퍼모델이 되어 런웨이에서 워킹한다는 미션이 주어지기도 하는 것이다.

굳이 하자면 이런 아이템까지는 할 수 있다. 2007년 1월 6일 새해가 밝았다. 목욕탕에 가서 때를 실제로 민다! 놀라운 것은 그런 아이템도 방송이 된다는 것이다!

이영애를 만난다는 사실에 흥분하는 모습이 방송이 되기도 한다. 그야말로 우리 주변에서 흔하게 볼 수 있는 친근한 형, 오빠, 아저씨의 모습으로 다가가는 것이다. 개그우먼 김미진의 이영애 성대모사에 두 번이나 속았기에, 실제 이영애와 함께 CF를 촬영하게 된 유재석이 멤버들에게 전화해서 구경하러 오라고 얘기하는 모습은 〈무한도전〉 멤버만이 가능한, 날것을 보여준다.

유재석이 대기실에서 멤버들 한 사람 한 사람에게 전화를 하는 원신원컷은 10분이 넘어가도 하나도 지루하지 않고 웃음이 터진다. 나 지금 이영애 씨랑 CF 찍으러 왔어, 허락 맡았으니까 빨리 리틀엔젤스 회관으로 오라는 말에 대한 각 멤버들의 반응은 제각각이다.

명수   전지현 있으면 오라 그래에에에!
형돈   형이 이영애랑 있다고? 난 지금 송혜교랑 있다!
준하   이거 몰래카메라지!
하하   (그저 웃는다) 하하하하하~
홍철   에이요! 정말요, 형님?

이렇게 〈무한도전〉은 다양한 방식으로 다채로운 리얼을 생짜배기로 보여주는 것이다. 그동안 많은 방송인이 하고 싶어 했던 리얼 버라이어티를 〈무한도전〉은 개척해가고 있는 것이다.

  〈무한도전〉이 새롭게 쓴 게 또 있다. 자막이다. 정말 썼다. 예능 프로그램에는 자막을 많이 쓰는 편이다. 출연자가 하는 말을 쓰거나 상황을 요약하기도 하고, 정보를 정리해서 보여줄 때 요긴하게 쓴다. 그야말로 기능적인 이유인데, 〈무한도전〉은 자막에 감정을 넣은 것이다.

  TV를 보면서 한마디씩 하지 않는 사람 없을 거다. 특히나 가지가지 성격을 갖고 있는 예능인들이 나와서 하는 행동들을 보며 시

유재석 TV
도전! 무명에서 유명으로

일인자
유재석

청자들은 오만 가지 생각을 하고 말을 내뱉는다. 〈무한도전〉은 시청자의 입장에서 할 법한 표현을 자막으로 과감하게 사용했다. 반향을 불러일으켰다. '제7의 멤버'라는 얘기까지 나왔다.

예를 들면 이렇다. 이영애를 만나서 호들갑스럽게 감격하고 가슴 떨려 하는 상황에서 "우리랑 참 달라", "많이 달라" 하는 말들을 할 때 자막은 이렇게 들어간다.

'댁들 같은 사람 또 있을까?'

지금이야 예능은 물론이고 VJ특공대, PD수첩, SBS 스페셜 같은 다큐멘터리도 자막이 많이 들어가, 자막이 없으면 뭔가 허전해한다. 심심하게 느껴진다.

그런데 내가 방송국에 첫발을 내딛었을 때, 1992년 MBC의 〈PD수첩〉에서 자료 조사하던 때는 프로그램에 자막은 거의 없었다. 인터뷰하는 사람의 이름과 직책, 특정한 장소를 알려주는 정도의 자막만 있었다.

예능국에서 1993년 〈일밤〉 'TV 인생극장'과 '시네마천국', '스타 스페셜'을 했을 때도 자막은 없었다. 일본 프로그램에는 자막이 굉장히 많았다. 처음 일본 프로그램을 봤을 때 자막이 많아 충격을 받았던 생각이 난다. '프로그램을 이렇게 만들 수도 있구나' 생각을 했다. 궁금했다. 왜 일본의 방송은 자막이 많은지 궁금했다.

일본은 세계적인 '망가'의 나라다. 망가는 만화의 일본말이다. 만화책, 출판 만화를 뜻하는데, 만화책은 그림과 대사나 상황에 자막이 많이 들어간다. 일본의 대중문화는 만화를 기본으로 하기 때문에 방송 프로그램에도 자막이 많이 들어가지 않겠느냐고, 당시 내가 물어봤던 사람이 얘기한 기억이 난다.

그런데 우리나라 예능은 기본적으로 일본의 예능을 많이 따라갔다. 지금이야 일본의 예능에서 더 이상 베낄 만한 것도 없고, 오히려 우리가 더 잘 만들기도 하지만, 1990년대는 그렇지 않았다.

여기서 쌀집 아저씨 김영희 피디가 등장한다. 우리나라에 지금과 같은 유형의 자막을 최초로 넣은 사람이다. 이홍렬, 김용만, 박미선이 진행한 프로그램 〈TV 파크〉였다. 1995년이다. 당시 바로 옆에서 회의하는 모습을 거의 매일 봤기 때문에 잘 기억하고 있다. 다만 맨 처음 자막을 넣는다는 것에 의욕이 넘쳐서인가, 모든 대사를 똑같이 자막으로 넣어, 자막 과잉이라는 평가가 있었다. 이렇게 우리나라 방송에서도 자막이 적극적으로 사용되기 시작했는데, 10년 후에 〈무한도전〉이 자막에 혁명을 일으킨다.

〈1박 2일〉로 스타 피디가 된 나영석 피디가 좋은 콘텐츠란 어때야 하는지를 얘기한 적이 있다. 새로움, 재미, 의미였다. 우선 새로워야 한다. 물론 하늘 아래 새로운 건 없다. 약간 시선을 다르게 할 뿐이다.

〈나는 가수다〉는 새로웠다. 김범수, 임재범, 박정현이 노래를 잘하는 가수라는 걸 나만 알고 있는 게 속상해서 전 국민에게 알려주고 싶었다. 그냥 무대를 만들어 보여드렸다면 그렇게 새롭지 않았

**일인자
유재석**

을 것이다. '나가수'라는 틀, 서바이벌이라는 형식을 가미하니, 온 나라가 음악에 빠져들었다. 여기에 개그맨들이 함께해 재미를 주었고, 대중가요에서 감동과 재미를 논하게 만드는 의미까지 부여되면서 좋은 콘텐츠가 된 것이다.

〈무한도전〉이 그렇다. '리얼'을 새롭게 정의했다. '자막'에 새로운 시선을 부여했다. 재미있게 놀았다. 어느 순간부터 의미도 주기 시작했다. 〈무한도전〉은 단순한 하나의 예능이 아닌, 국민적인 예능이 된 것이다. 덩달아 유재석은 마침내, 국민 MC에 등극하게 된다.

패밀리가 떴다? 가라앉다!

2008년 6월 SBS에서 야심차게 시작한 일요일 리얼 버라이어티 〈패밀리가 떴다〉는 개인적으로도 안타깝게 생각하는 프로그램이다. 당시 SBS의 일요일 예능은 약세를 면치 못하고 있었다. MBC는 〈일밤〉의 '우리 결혼했어요'가, KBS에서는 〈해피선데이〉의 '1박 2일'이 막강 화력을 과시하고 있었다. 그렇기에 국민 MC를 투입하여 반전을 꾀하고자 한 것이 '패떴'이다.

유재석과 이효리, 윤종신, 김수로, 박예진, 대성에 게스트 이천희까지 좋은 팀워크를 보여주었다. 유재석의 전화를 받은 출연진들이 시골의 한 집 앞에 모인다. 주인공 할아버지 할머니 댁을 찾아

여행 잘 다녀오시라는 인사를 한 후, 1박 2일 동안 집을 봐드리면서 할아버지 할머니가 부탁한 일을 하기도 하고 게임, 식사도 하면서 일어나는 좌충우돌 여행기(?)이다.

모두가 한마음으로 열심히 했기 때문일까, 즐겼기 때문일까, 곧 일요일 저녁의 강자로 부상하였다. 역시 유재석이었다.

그런데 운이 없었던 건지, 이러저러한 사건 사고들이 잇따르면서 서서히 몰락하기 시작한다. 대본 공개 사건, 이효리 욕설 논란, 대성의 교통사고에 이은 참돔 낚시 조작 의혹 사건으로 '패떴'에 대한 시선이 곱지 않아진 것이다. 결국 '패떴'은 2년을 채우지 못하고 시즌 2에게 자리를 넘겨주지만, 6개월도 채우지 못하고 막을 내리게 된다.

'패떴'에 영향을 미친 사건들 중 하나인 대본 논란은 나도 잘 기억하고 있다. 『방송문예』라는 한국방송작가협회에서 월간지로 발행하는 고품격 잡지가 있다. 자신이 집필하는 프로그램의 대본을 일부 공개하는 코너가 있는데, 12월호에 '패떴' 작가가 3회 대본의 일부를 올린 것이다.

그 코너는 아무래도 많은 사람들이 알고 있고 알고 싶어 하는 프로그램의 대본이 실리게 된다. '패떴'이 그만큼 인기가 있었다는 얘기다. 물론 나도 아주 잘 봤다. '음…… 이런 분위기, 상황 설정으로 가고 있군' 하며 작가에 대한 부러움을 느꼈다. 그런데 어떤 기자가 봤는지, 기사로 만들어 공개한 것이다. 당시 기사들의 제목만 보면,

일인자
유재석

'패떴'의 짜여진 대본이 말해주는 것
'패떴' 대본 공개에 시청자 의견 분분…… 얼마나 치밀하기에
'패떴', 리얼이 아니었어?
'패밀리가 떴다' 대본 공개 논란, 리얼 아니었어?
'패떴' 설정 논란, 리얼 가장한 쇼(?)
'패떴' 대본 논란 시청자가 기가 막혀

파장은 점점 커졌다. 방송작가로서 적지 않은 분들이 오해를 하고 있는 것 같아, 입이 근질거렸다. 아니, 손이 근질거렸다. 어떤 곳이든 내가 알고 있는 것, 나의 의견을 얘기하고 싶었고 얘기했다. 당시 〈오마이뉴스〉에 기고한 내 글을 소개하겠다.

'리얼'이라고 정말 아무것도 없이 촬영한 줄 알았나
[주장] '방송작가'의 입장에서 본 '패밀리가 떴다' 대본 공개 논란

나는 SBS 〈일요일이 좋다〉 '패밀리가 떴다'(이하 '패떴')의 담당 작가도 아니기에 글을 써야 한다는 생각은 없었다. 그저 이번 논란을 흥미롭게 지켜보고 있을 뿐이었다. 사실 이렇게('패떴' 대본 공개 후, '지금까지 리얼이 아니었고, 대부분 대본에 있었던 것인가'라는 논란)까지 기사가 되고, 누리꾼들 사이에서 논란이 될 거라고는 생각도 못했다.

이번 '패밀리가 떴다'의 대본이 공개가 된 것은 무슨 대외비 문건이 있어서 누군가에 의해 공개가 되고 파문이 일고 논란이 증폭되

고……, 한 것이 아니다. 한국방송작가협회에서 한 달에 한 번씩 펴내는 『방송문예』라는 잡지가 있다. 연재물 중 하나가 종영이 됐거나 방영 중인 화제 프로그램들의 대본을 공개하는 '다시 보기-이 방송 글'이라는 꼭지가 있는데, 지난 12월호의 주제가 요즘 리얼 버라이어티의 신흥 강자인 SBS의 '패떴'이었을 뿐이다.

그런데 이것이 누군가에 의해 기사화가 된 것이고 '배신을 당했네', '그럴 수도 있네' 하며 누리꾼들 사이에서 논란이 되고 있는 것이다. 내가 이 사태(?)를 알게 된 것도 며칠 전 실시간 검색어에 '패떴 대본 논란'이 떴기 때문이다.

이러한 과정을 보면서 내가 한 생각은 '아니, 그럼 정말로 대본이 없다고 생각을 했단 말인가?', '우리 시청자들이 설마 이렇게 순진하단 말인가?' 정도였다. 그런데 계속 논란이 커져가고 제작진이 해명 글을 내고, 거기에 '더 이상의 해명은 필요 없다, 핵심은 리얼리티 아닌 실망감'이라는 기사를 보고 나니, 방송작가로서 가만히 있으면 안 되겠다는 생각이 들었다.

'패떴' 뜬 이유는 '리얼'이 아니라 '재미' 때문

'패떴'이 처음 시작했을 때 무너뜨려야 할 경쟁 프로그램들은 MBC 〈일밤〉 '우리 결혼했어요'(이하 '우결')와 KBS 〈해피선데이〉 '1박 2일'이었다. 먼저 '우결'의 아성을 무너뜨리기가 참 쉽지 않았다. '우결' 역시 가상이라는 틀이 있기는 하지만, 남녀 스타들이 부부가 되어

**일인자
유재석**

생활을 하는 모습을 너무도 리얼하게 보여줬기 때문이다. 그리고 그 '리얼'은 높은 시청률로 이어졌다.

사실 '패떴' 첫방 시청률은 보잘것없었다. 뭔가 엉성했고 유치했고, 무엇보다 가장 큰 맹점은 '1박 2일'의 아류라는 것이었다. 하지만 '패떴'은 흔들리지 않고 자신들의 길을 갔고, 무엇보다 SBS는 기다렸고, 다 알다시피 이제는 일요일 저녁 버라이어티 삼국지에서 가장 큰 영토를 확보하고 있다.

한때 천하를 호령하던 '1박 2일'은 중간자적 위치가 되어 전국 재패를 호시탐탐 노리고 있고, 대한민국 선남선녀들에게 끊임없는 얘깃거리를 제공하고 있던 '우결'은 와신상담을 해야 하는 신세가 된 것이다.

그렇다면 '패떴'이 시청자의 사랑을 받고 있는 이유는 뭘까. 불과 몇 개월 사이에 변방에서 중원을 호령할 수 있게 된 그 힘은 무엇일까. 말 그대로 리얼 버라이어티라서 그런 걸까. 그렇기 때문에 대본도 없는 리얼로 촬영을 했기 때문에 그런 걸까.

그렇지 않다고 생각한다. '패떴'이 시청자의 폭넓은 사랑을 받게 된 이유는 이효리, 유재석, 김수로 같은 스타들의 성격이 꾸밈없이 드러나고, 격 없이 재미있게 생활하는 모습이 시청자들의 마음을 사로잡았기 때문일 것이다. 한마디로 '우결'보다도, '1박 2일'보다도 재미가 있기에 가능한 것이다.

정말 아무것도 없이 촬영한 줄 알았나

〈마이데일리〉의 기사에 따르면, '패떴' 3회 대본에는 멤버들 간 대화를 비롯해, 사소한 리액션 등이 상세하게 적혀 있기에, 이는 리얼리티라는 '패밀리가 떴다'의 근간을 흔들었고, 시청자들에게 일종의 배신감을 안겨줘 불만이 높아지고 있다고 한다. 이에 대해 제작진은 '패떴'의 대본은 철저하게 계획된 드라마 극본과는 전혀 다른, 방송 초 친분이 없는 출연진들을 위한 가이드라인 정도의 역할을 하는 글이었다고 밝혔다고 한다.

정말 그런가. 시청자는 과연 배신감을 느끼고 있을까. 리얼 버라이어티에서 말하는 '리얼'이라는 거, 도대체 뭘까. 우리가 흔히 말하곤 하는 일상적인 대화의 하나, "야, 정말 리얼한데?"에서 말하는 '리얼'은 또 뭘까.

묻고 싶다. '패떴'이라는 프로그램이 정말 아무것도 없이 그저 출연자들이 모여서, 정말 아무것도 없이 삽질하고, 정말 아무것도 없이 게임하고, 정말 아무것도 없이 식사 준비를 한 프로그램이라고 생각하는 시청자가 과연 어느 정도나 있는지 궁금하다.

직업이 방송작가이기 때문에 방송 일을 하고 있지 않은 주변 사람들에게 가장 많이 듣는 질문들 중 베스트 1위가 "어제 무슨 프로그램 봤는데, 출연자들이 하는 말 대본이야? 진짜야?"다.

질문을 받은 나는 마치 대단한 기밀이라도 알고 있는 양 이렇게 대답하곤 한다. "기본적인 대본은 당연히 있지요. 근데 어떤 출연자

**일인자
유재석**

가 잘하는가 여부는 대본에 플러스알파를 잘하는 데서 드러나요."
그러면 "거봐, 대본 있는 줄 알았어" 하는 파와 "그 연예인 참 순발력 대단하네" 하는 파로 나뉘곤 한다.

중요한 건, 짠 티가 나느냐 안 나느냐다.

아버지는 살아 계실 때 드라마를 보던 어머니가 눈물을 짜면, "뭘 울어, 저거 다 짜고 하는 거야"라고 하시곤 했다. 그렇다. 드라마는 당연히 짜고 하는 거다. 문제는 리얼을 표방하는 예능 프로그램들인데, 과연 짜지 않을 수 있을까. 정도의 차이가 있을 뿐, 방송 프로그램들은 다 짜고 하는 것이고, 짜야만 하는 것이다.

중요한 건, 짜느냐 안 짜느냐가 아니라 짠 게 티가 나느냐 그렇지 않느냐다. 티가 나는 프로그램은 엉성하다, 아마추어다 욕을 먹는 것이고, 그렇지 않은 프로그램은 잘 만들었다, 재미있다며 박수를 받는 것이다.

그런 점에서 이번 '패떴' 대본 공개 논란의 핵심은 안 짜는 거라고 믿고 싶어 할 만큼 너무도 자연스러웠던 프로그램에 대한 애정이 약간이라도 흔들리지 않을까 하는 불안감이 아닐까. 그만큼 시청자는 '패떴'을 많이 사랑하고 있는 것이다.

더 이상 '짜여진 리얼 버라이어티 리얼은 없었다'는 유의 기사들이 나오지 않기를 바란다. 재미있는 상황을 짜고, 다양한 캐릭터를 지닌 출연자들을 모아, 시청자의 공감을 사고 심금을 울릴 수 있는 스토리를 얼마나 '리얼하게' 끌어내는가, 이것이 진짜 '리얼'이다.

이렇게 글을 썼고, 〈오마이뉴스〉 메인 톱에 선정되는 영예를 얻었다. 순식간에 30만이 넘는 조회를 기록했고, 내 평생 가장 많은 욕을 먹어야 했다. 예능을 한다는 것, 쉬운 일이 아니라는 걸 다시 한 번 느끼게 한 사건이었다.

1990년대의 예능 프로그램의 녹화 현장에서는 '프롬프터'라고 해서 MC가 얘기하는 무대의 코앞에서 전지에 매직으로 큼지막하게 대사를 적어놓은 것을 들고 있었다. 시청자가 눈치채지 못하게 프롬프터를 보는 게 MC의 능력이었다.

요즘 예능 프로그램에서 작가들이 가장 많이 쓰는 문구 상품은 스케치북과 매직이다. 예전에는 녹화가 진행될 때 끊고 다시 가기도 했다. 그런데 요즘처럼 여러 대의 카메라가 있고, 리얼과 자연스러움을 중요시하기에 끊는 건 가급적 하지 않는다. 작가들이 스케치북에 써서 알려주는 것이다.

2007년에 〈결정! 맛 대 맛〉을 잠깐 한 적이 있는데, 녹화를 할 때 작가들도 스케치북을 사용하지만 무대감독도 자기 전용 스케치북을 들고 수시로 매직으로 써서 MC인 류시원과 강수정 아나운서에게 보여주곤 했다. 난 아직까지 그렇게 멋진 동작으로 스케치북에 써서 보여준 사람을 본 적이 없다. MC에게 알려줘야 할 게 생기면 스케치북을 펼치고 매직으로 번개처럼 스스슥 갈겨 쓴 다음 오른손을 45도 정도 위로 올리며 절도 있게 MC들을 향해 보여주는데, 재미있기도 하고 멋있었다.

일인자
유재석

〈1박 2일〉, 〈무한도전〉, 〈런닝맨〉. 당연히 대본이 있다. 설계도가 있어야 하지 않겠는가. 만약 모든 게 계산이 된, 출연자들의 모든 대사가 적혀 있고 그렇게 촬영이 진행되는 대본을 쓰는 작가가 있다면, 신의 작가라고 불러야 마땅하다. 바둑에서 고수들은 10수 앞을 보니 20수 앞을 보니 하지만, 예능에서는 한 수 앞도 예측하기 힘들다.

일단 뛰어! 런닝맨

프로그램의 주요 타깃과 시청률은 비례한다는 말이 있다. 10대를 주요 대상으로 하면 10%, 20대가 많이 보면 20%, 30대가 열광하면 30%, 40대가 좋아하면 40%, 50대가 광분하면 50%가 되어 국민 프로그램의 경지에 오르는 것이다. 60대가 좋아하면 60%가 되느냐고? 너무 나갔다.

요즘은 이 공식이 잘 들어맞는지 모르겠다. 확실한 건 '국민'이 붙으려면 40대, 50대 주부만 봐서는 안 된다. 안 그래도 많이 보시는 분들이기 때문이다. 아저씨들이 TV 앞에 앉아야 '국민'을 붙일 수 있는 프로그램이 된다. 드라마는 〈허준〉, 〈선덕여왕〉이고, 예능은 〈1박 2일〉 정도 되시겠다.

그런데 묘하게 아이들이 좋아하면 국민 프로그램은 안 되어도 최소한 화제의 프로그램은 된다. 이른바 '초딩'들이 열광하면 그 프로그램은 성공한 것이다. 내가 어렸을 적에 여름에 많이 가지고 놀았는데 한동안 보기 어려웠던 그 장난감이 대박이 났다고 한다.

아직 본격적인 여름이 오지도 않았는데, 온 동네마다 이거 들고 다니는 아이들 어렵지 않게 볼 수 있다고 한다. 물총. 올 여름의 대세는 물총이다. 〈런닝맨〉의 힘이다.

2010년 여름, 〈패밀리가 떴다〉에서 떠났던 (제목이 '떴다'라서 그런가?) 유재석이 다시 SBS 일요일에 곧 나타난다는 소문이 강력하게 돌았다. MBC 〈일밤〉에서는 '뜨거운 형제'가 오랜 시간이 걸려 뜨겁게 불타오르려 하고 있었는데, 이제야 힘 좀 받나 했었는데, 유재석이 〈런닝맨〉이라는 듣도 보도 못한 스타일의 프로그램으로 복수를 한다는 것이다. 촬영도 이미 3월부터 했다고 해서 쌀집 아저씨 김영희 피디도 걱정을 많이 했다.

마침내 2010년 7월 11일! 모두가 주목하는 가운데, SBS 〈일요일이 좋다〉의 새로운 코너 〈런닝맨〉이 공개되었다. '걷지 말고 뛰어라!'는 슬로건으로, 남들이 다 퇴근한 이후 빈 건물, 전시장, 백화점, 박물관 등의 이른바 랜드마크 안에서 게임을 통해 런닝볼을 획득하고, 다음 날 아침 시민들의 출근 시간에 민망한 벌칙을 수행하는 내용이었다.

나도 1회를 보았다. 무척이나 새로웠다. 거대한 빌딩에서 모든 사람들이 퇴근하고 출연자들이 들어온 후 곳곳에 있는 문들이 잠

일인자
유재석

기고, 셔터가 내려지면서 밀폐 공간이 된다는 장치가 재미있었다. 하지만 그뿐이었다.

〈런닝맨〉. 제목 그대로 뛰기만 했다. 송중기야 잘생긴 아이돌이니 그렇다 치고, 개리, 이광수, 송지효는 과연 제 역할을 할 수 있을지 의심스러웠다. 김종국, 지석진, 하하는 구면들이었고, 그야말로 믿을 수 있는 사람은 유재석뿐이었는데, 럴수럴수이럴수가! 유재석이 보이지 않았다.

아무리 박지성이 날고 기어도, 최전방에 메시가 포진하고 있다 해도 어떤 경기에서는 거의 보이지 않을 때가 있다. 딱 그런 경기였다. 선수들이 공을 잡고 현란한 개인기를 하더라도, 최전방 스트라이커 유재석에게 킬 패스를 하려 해도, 크로스를 올리려 해도, 유재석은 받을 수가 없었다. 유재석에게 연결되지 않았다. 그러니 유재석이 보이려야 보일 수가 없었다.

함께 모여 게임을 하고 노는 거라면 이골이 난 유재석인데, 〈런닝맨〉에서는 좀처럼 능력을 발휘할 수 없었다. 도대체 이유가 뭘까. 1회, 2회, 3회가 지나면서 좀처럼 큰 재미를 주지 못하자, 시청률도 바닥을 기자 언론매체는 약속이나 한 듯이 비관적인 전망들을 내놓기 시작한다.

〈런닝맨〉, 특수성을 살리지 못한 일요일 오후의 질주
〈런닝맨〉 의견 분분… 신선하다 vs 산만하다

유재석도 안 되나? 〈런닝맨〉 한 자리 수 추락
유재석 너마저, SBS 〈런닝맨〉 시청률 한 자리 수 추락
〈런닝맨〉, 유재석의 굴욕

하지만 유재석이 누구인가. 무수한 실패와 아류와 모방 좀 그만 하라는 비판에도 묵묵하게 헤쳐오지 않았던가. 가깝게는 2005년 '무모한 도전'을 무모하게 시작하여 무리하게 버티다가 오늘의 위대한 〈무한도전〉으로 만든 경험의 소유자다.

문제는 SBS가 과연 기다려줄 것인가인데, 기다렸다. 결실을 봤다. 자고로 기다리는 자에게 복이 있나니.

〈런닝맨〉은 몇 번의 진화를 거쳐 현재 일요일 저녁의 강자로 우뚝 섰다. 내 아내는 〈일밤〉에서 〈나는 가수다〉가 나와 대한민국을 음악에 빠뜨렸을 때도 거의 〈런닝맨〉을 본방 사수했다. 임재범이 두 눈 부릅뜨고 〈빈 잔〉과 〈여러분〉을 부를 때 정도나 〈나는 가수다〉를 향했지 이내 〈런닝맨〉을 보며 키득거렸다.

어떤 방송 프로그램이 요즘 재미있는지 알려면 아내가 뭘 보는지 들여다보면 된다. 거의 틀린 적이 없다. 동물적 감각으로 재미있는 프로그램을 기막히게 찾아낸다. 참고로 아내는 1972년생의 서태지 세대다.

물론 〈런닝맨〉을 발딱 일으켜 세운 데 유재석의 공이 크겠지만, 작가로서 볼 때 제작진에게 아낌없는 박수를 보내고 싶다. 〈무한도

일인자
유재석

전〉, 〈1박 2일〉, 〈남자의 자격〉 같은 대부분의 리얼 버라이어티는 하루 바짝 촬영해서 2회분, 다시 말해 2주에 걸쳐 방송할 수 있게 만든다. 충분히 2주 동안 담을 수 있는 스토리가 있는 프로그램들이기도 하지만, 제작진이 힘들기 때문인 것도 이유다. 큰 프로그램을 매주 준비하려면 작가들이 죽어난다. 편집까지 신경 써야 하는 피디들은 죽고 또 죽는다.

당연히 〈런닝맨〉도 초기에는 그렇게 했다. 그런데 어느 날부터인가, 제작진이 미치기 시작했는지 하루 촬영한 걸 한 회분으로 내보내기 시작한다. 한 달에 두 번 녹화해도 사망 직전일 텐데 한 달에 네 번 녹화하는 시스템으로 바꾼 것이다. 입관대기의 각오이리라.

생즉사 사즉생. 살려 하면 죽을 것이요, 죽으려 하면 살 것이니, 죽을 각오로 달렸다. 결국 살아났다. 재미있는 놀이판이 만들어졌다. 그 안에 들어가 드래곤볼을 찾는 전사들이 초사이언인으로 진화했다면, 런닝볼을 획득한 예능인들이 각각 능력자, 유르스 윌리스, 에이스 지효, 하로로, 광바타, 개리쉬, 왕코 형님으로 진화한 것이다.

직접 가서 확인해보지는 못했지만, 〈런닝맨〉 촬영 현장에 동원되는 카메라는 50~60대라고 한다. 여기에 CC카메라와 일명 오두막이라고 부르는 죽이는 화질을 보여주는 카메라 등이 투입된다.

몇 년 전에, 가칭 〈스타 현상수배〉라는 프로그램을 기획한 적이 있다. 영국의 한 프로그램과 예전의 게릴라 콘서트, 유럽의 한 부호가 했다는 보물찾기 프로젝트 등 다양한 생각과 얘기들이 조합이 되어 발전시켜본 기획이다.

홍대 부근, 롯데월드 같은 일정한 지역에서 스타의 수배 전단이 곳곳에 붙는다. 시간을 정해놓고 게임에 참여한 일반 시민들이 스타를 찾아내는 콘셉트였다. 스타는 변장, 위장 등 수단 방법을 가리지 않고 도망 다녀야 하고, 게이머들은 스타를 찾아야 한다.

결론부터 얘기하면 기획은 더 이상 발전시키지 못하고 흐지부지되었는데, 당시 가장 많이 고민을 한 건 카메라의 노출과 동선 등이었다. 도망 다니는 스타를 어떻게 하면 시민들과 게이머들에게 들키지 않고 촬영할 것인가, 수십 명이 되는 게이머들 한 사람 한 사람에게 전담 카메라 감독을 붙여야 할 텐데, 제작비에 대한 부담 등을 걱정했다. 그런 점에서 많은 어려움을 신고 실현하고 진화하고 있는 〈런닝맨〉 제작진에게 경의를 표한다.

〈런닝맨〉을 보면 어릴 적 동네에서 친구들과 뛰어 놀던 시절이 떠오른다. 다 큰 어른들이 동네에서 물총을 들고 진지하게 잠복하던 모습에 괜히 울컥했다. 나도 당장 물총을 들고 나가 친구들과 놀아보고 싶은 마음이.

동네 골목 어느 대문 앞에서 물총을 들고 적들을 기다리는 유재석. 신기하고 재미있다는 듯 쳐다보고 있는 동네 주민들. 재석은 쑥스러워 어쩔 줄을 몰라 한다.

"죄송합니다. 동네까지 와서 물총 들고…… 죄송합니다. 근데 다

일인자
유재석

들 너무 진지한 거 아냐?"

2012년 6월 현재. 유재석이 놀고 있는 마당은 네 군데다. 〈해피투게더〉와 〈놀러와〉, 〈무한도전〉과 〈런닝맨〉. 팬히 구분하자면 말로 하는 곳이 두 곳, 몸으로 때우는 곳이 두 곳이다. 〈놀러와〉는 일정한 테마를 통한 게스트의 조합으로, 〈해피투게더〉는 개그맨들이 이끌어가는 토크 잔치판이다. 〈무한도전〉은 미워할 수 없는 일곱 난쟁이들의 성장 소설이다.

가장 최근에 시작한 〈런닝맨〉은? 놀이공원을 만들어가는 게 아닌가 싶다. 앞부분에서 초기의 〈런닝맨〉에서는 유재석이 보이지 않는다고 했다. 어쩌면 〈런닝맨〉에서 유재석이 계획하고 있는 건 유재석이 안 보여도 재미있다는 걸 보여주려는 건 아닐까.

서비스로, SBS에서 할 수 있는 사업 아이디어 하나 제안한다. 에버랜드를 뛰어넘는 테마파크를 만드는 것이다. 이름하여 '런닝맨 테마파크'! 동창생들이, 학급 전체가, 동네 계원들이 이 테마파크에 오면 서로의 이름표를 떼고 물총을 쏘며 놀 수 있는 리얼 게임형 테마파크다. 곳곳에 설치된 카메라로 촬영된 DVD까지 준다면, 에버랜드보다 비싼 요금을 받아도 되지 않을까? 〈런닝맨〉 출연자들의 브로마이드, 캐릭터 인형에서 물총, 티셔츠 등 개발할 상품들도 무궁무진할 것이다.

유재석의 힘

지금까지 살펴본 것처럼, 유재석의 지난 20년을 보면, 그야말로 한 사람이 어디까지 변할 수 있는가를 알 수 있다. 뭣도 없는 무명 신인 시절에는 기고만장, 자신만만, 혹은 안하무인이던 사람이 오히려 스타가 되어가면서 겸손해지고 국민연예인의 반열에 오르면서는 배려와 자신을 낮추는 자세로 더욱 무장을 하니, 정말이지 기가 막히고 코가 막히는 일이 아닐 수 없다.

도대체 어떻게 이런 일이 가능한 걸까. 다시 한 번 말씀드리는데 그를 신인 시절부터 가까운 거리에서 봐온 코미디 작가의 말처럼 "내가 알던 무명 유재석과 유명 유재석은 완전히 다른 사람"이라는 거다.

2010년 1월 2일 방영한 〈무한도전〉은 제작진이 각 멤버들을 울렸다. 각자 찢어서 강당으로 들어가게 했는데 알고 보니 각각의 팬들을 모아놓은 일종의 깜짝 팬 미팅을 한 것이다. 유재석의 팬 미팅에서 유재석은 자신이 변화를 할 수 있는 일종의 영업 기밀을 만천하에 폭로했다.

"제가 워낙 예전부터 참 많이 기도했어요. 방송이 너무 안 되고 하는 일마다 자꾸 어긋나고 그랬을 때, 정말 간절하게 기도했습니다. 정말 한 번만 기회를 주시면, 단 한 번만 개그맨으로 기회를 주시면 소원이 나중에 이뤄졌을 때 지금 마음과 달라지고 초심 잃고

유재석 TV
도전! 무명에서 유명으로

일인자
유재석

만약에 이 모든 것이 나 혼자 얻은 것이라고 단 한 번이라도 내가 생각한다면 그때는 엄청난, 이 세상에 그 누구보다도 아픔을 줘도 단 한마디도, '저한테 왜 이렇게 가혹하게 하시나요?' 그렇게 안 하겠습니다."

그렇다. 기도인 것이다. 여기서 말하는 기도라는 건 기독교에서 말하는 그런 기도로만 정의되는 개념은 아니다. 유재석 스스로가 말했듯 그가 기도를 한 대상은 부처님이다. 누구든 좋다. 자신의 기원과 다짐을 말로 하면 되는 것이다. 단, 일회성은 금물이다. 반복해야 한다. 이왕이면 무한 반복하면 더 좋다. 그렇다. 말로 해야 한다.

말하는 것의 중요성은, 2011년 '서해안고속도로 가요제' 편에서 이적과 함께 결성한 듀오 처진 달팽이의 노래 〈말하는 대로〉에서 확실하게 표현이 된다.

〈말하는 대로〉

나 스무 살 적에 하루를 견디고
불안한 잠자리에 누울 때면
내일 뭐하지 내일 뭐하지
걱정을 했지

두 눈을 감아도 통 잠은 안 오고

가슴은 아프도록 답답할 때
난 왜 안 되지 왜 난 안 되지
되내었지

말하는 대로 말하는 대로
될 수 있다고 믿지 않았지
믿을 수 없었지

맘 먹은 대로 생각한 대로
할 수 있단 건 거짓말 같았지
고개를 저었지

그러던 어느 날 내 맘에 찾아온
작지만 놀라운 깨달음이
내일 뭘 할지 내일 뭘 할지
꿈꾸게 했지

사실은 한 번도 미친 듯 그렇게
달려든 적이 없었다는 것을
생각해봤지 일으켜 세웠지
내 자신을

유재석 TV
도전! 무명에서 유명으로

**일인자
유재석**

말하는 대로 말하는 대로

될 수 있단 걸 눈으로 본 순간

믿어보기로 했지

맘먹은 대로 생각한 대로

할 수 있단 걸 알게 된 순간

고갤 끄덕였지

(rap)

맘 먹은 대로 생각한 대로

말하는 대로 될 수 있단 걸

알지 못했지

그땐 몰랐지

아 이젠 올 수 없고 갈 수도 없는

힘들었던 나의 시절 나의 20대

멈추지 말고 쓰러지지 말고

앞만 보고 달려 너의 길을 가

주변에서 하는 수많은 이야기

그러나 정말 들어야 하는 건 내 마음속 작은 이야기

지금 바로 내 마음속에서 말하는 대로

말하는 대로 말하는 대로
될 수 있다고 될 수 있다고
그대 믿는다면

맘먹은 대로 (내가 맘먹은 대로)
생각한 대로 (그대 생각한 대로)
도전은 무한히 인생은 영원히
말하는 대로
말하는 대로
말하는 대로

물론 기도하고 말만 한다고 해서 누구나 유재석처럼 될 수 있는 것은 아닐 것이다. 노력을 해야 한다. 그것은 뼈를 깎는 노력을 해야 한다. 무엇보다 자기관리를 해야 한다, 철저히.

스타의 반열에 오른 이후에 유재석이 거의 하지 않은 것이 몇 가지 있다. 첫째, 자신의 프로그램이 아닌 다른 사람의 프로그램에 일회성 게스트로 나가지 않았다(박명수나 정선희 같은 무지막지한 인연을 제외하고는). 둘째, 언론 인터뷰를 거의 하지 않았다. 셋째, 다음 연예인들의 공통점 하나를 찾아보시라. 강호동, 하하, 정형돈, 박명수, 백지영, 정준하…… 부업 혹은 사업을 한다는 것이다. 연예인이라는 비정규직은 누구나 불안하기 때문에 벌 수 있을 때 욕 좀 먹더

**일인자
유재석**

라도 바짝 벌어야 하고, 언제 어떻게 될지 모르기 때문에 사업을 할 수 있으면 하는 게 이치이다.

유재석은 그렇지 않다. 그의 본업인 방송만 하고 있는 것이다. 만약 유재석이 방송 외에 다른 사업을 하고 있는 걸 보거나 아는 분이 있다면 연락 주시라. 난 아마 이런 반응을 보이지 않을까 한다. '고뤠에에에에?'

최근 처진 달팽이가 두 번째 노래를 발표했다. 〈방구석 날라리〉, 지난 〈압구정 날라리〉에 이은 날라리 시리즈 2탄이라고 할 수 있다. 유재석은 왜 날라리를 좋아하는 걸까. 아직 두 번이라 좋아한다는 표현밖에는 못하지만, 혹여 3탄으로 '자유로 날라리'라도 발표한다면, 유재석은 왜 날라리에 집착하는 걸까, 라고 물어볼 수 있을 것이다.

무도회장에서 죽돌이였다는 얘기, 데뷔 동기들과 방송에서 얘기하곤 한 무도회장 부킹 철퇴 에피소드 등 유재석은 무도회장을 무척이나 즐겼던 건 확실한 것 같다. 놀이를 천부적으로 좋아하는 것이다. 무명 시절에는 자신이 놀 공간이 없으니 돈만 내면 들어갈 수 있는 놀이마당으로 무도회장이 선택된 것이고, 방송을 통한 놀이를 꾸준히 시도하다가 결국 〈무한도전〉이라는 제대로 된 놀이마당이 만들어진 것이다.

개그맨으로 시작하여 춤과 스포츠에 패션까지 하나씩 자신의 몸에 넣어가, 결국 만능 엔터테이너라는 궁극의 놀이의 신이 되고

자 하는 목표로 차근차근 나아가고 있는 게 아닐까. 이것이 바로 유재석의 힘이 아닌가 한다.

하나의 걱정이 있다면, 올해 하반기 대한민국을 뜨겁게 달굴 대선에서 정치인들이 유재석 리더십을 운운하며 모두가 자기편이라고 우기는 사태가 벌어지는 것까지는 어쩔 수 없겠지만, 유재석은 지금까지 그래 왔던 것처럼 제대로 노는 데에만 몰입했으면 하는 바람이다. 제대로 놀 줄 아는 정치인, 노는 사람을 우대하는 정치인을 주목하자, 라는 사족을 덧붙인다.

2부

예능의 정석
유재석의 7가지 습관

　　　　　무수히 많은 사람이 유재석을 바라
보고 있다. 얼굴이 따갑지는 않을까. 개그맨 최효종은 매일 밤 잠들기 전 30분씩 유재석을 생각한다고 한다. '어떻게 성공했을까? 어떻게 성공했을까?' 그래서인가, 다들 아시는 것처럼 최효종은 성공했다.

　2008년 KBSjoy 채널에서 〈핸디캡 토크쇼 천만 원을 지켜라〉라는 프로그램을 한 적이 있다. 김구라, 유세윤, 솔비가 진행을 한 토크쇼다. 게스트에게 주어지는 출연료는 자그마치 1000만 원이다. 스튜디오 한구석에는 은행에서 실제 지폐로 가져다 놓은 1000만 원이 놓여 있다. 정말 주느냐고? 게스트가 유재석도 아닌데 아무 장치도 없이 1000만 원을 준다면 제작사는 몇 번 해보지도 못하고

문 닫아야 할 것이다.

당연히 장치가 있다. '금지어'라는 걸 설정한다. 토크를 하는 동인 게스트는 절내모 사용하면 안 되는 '말'들이 있다. 만약에 그걸 말하게 되면 1000만 원 다발에서 50만 원을 빼는 것이다.

금지어는 어떻게 알고 설정하느냐고? 게스트가 정해지면 사전 인터뷰를 핑계로 만나서 1시간에서 2시간 정도 최대한 많은 이야기를 한다. 작가들은 주로 질문하고 게스트가 최대한 많은 얘기를 하게 한다. 이 과정을 촬영하는데, 게스트가 평소에 어떤 단어, 어떤 말버릇이 있는가를 뽑아내기 위해서다.

누구나 자주 쓰는 말들이 몇 가지는 있다. '예를 들어', '저기요', '그럼에도 불구하고', '~ 같아요' 같은 거나 게스트의 직업에 따라 자주 쓰는 말들인 '개그', '노래' 등이 있다.

대략 3~5개의 금지어를 정해 토크를 시작하면 '오늘의 금지어'를 발표하고, 게스트는 긴장하면서 토크를 하는 것이다. 주의를 하지만 부지불식간에 금지어를 말하면 그 순간 쉭! 하면서 CO_2(예능에 자주 쓰는 하얀색 기체)가 터지면 옆에서 대기하고 있던 개그맨은 삽을 이용해 50만 원을 빼내야 했는데, 삽질을 한 개그맨이 바로 최효종이다. 지금 생각해보면 최효종은 무척 잘 빼낸 것 같다. 애매하게 빼는 일은 전혀 없었다.

최효종은 계속 유재석을 생각한 것 같다. 그 후 KBS 〈개그콘서트〉의 히트 코너인 '남보원' 즉 '남성인권보장위원회'에서 열심히

일인자
유재석

북을 두드렸다. 박성호, 황현희와 함께 당당히 스리샷을 받았으니, 더 한층 성공한 게 아닐까.

다음은 드디어 원샷으로 '여러분, 행복하십니까? 행복전도사 최효종입니다!'로 주목을 받았고, 그 후엔 모두가 아는 것처럼 '애정남'으로 애매하지 않고 확실하게 뜬다. 최효종은 2007년에 들어온 KBS 27기 개그맨이다. 불과 4년 만에 전 국민이 아는 개그맨의 반열에 올랐으니, 성공한 게 확실하다.

박명수가 유재석보다 잘나갔던 때가 있었다. 박명수가 MBC 개그맨으로 들어온 1993년에 KBS 개그맨 유재석은 무명의 설움을 톡톡히 받고 있었을 때였다. 당시 개그맨들은 이른바 밤업소 진행을 통해 돈도 벌고 감각도 익혔는데, 한 업소에서 박명수가 한 타임을 뛰고 내려오는데 다음 타임은 유재석이었다. 유재석이 DJ박스에서 한창 분위기를 띄우고 있었는데 전 타임을 했던 박명수가 가지 않고 지켜보는 게 아닌가. 오래 보지도 않았다. 잠시 지켜보더니 박명수는 득의만만한 미소를 날리고 발걸음을 돌렸다. 저 친구는 나한테 안 되겠다는 것을 확인하고 난 뒤의 경쾌한 발걸음이었다.

두 사람의 관계가 역전되기 시작한 건 2000년 무렵이다. 어느새 자신보다 올라간 곳에 유재석이 있었다. 아마 다른 개그맨 같았으면 피하거나 다른 영역에서 놀았겠지만, 박명수는 기꺼이 2인자가 되어 그 밑으로 들어간다. 그리고 박명수가 한 건 두 가지, 관찰과 호통이다.

도대체 유재석은 방송을 어떻게 했기에 누구나 인정하는 예능의 1인자가 된 것일까. 도대체 어떤 깨달음을 얻고, 어떻게 수련을 했기에 예능의 최강자가 된 것일까.

여기 유재석이 오랜 세월 무명을 거치며 체득한 것들을 '유재석, 예능의 정석'이라는 이름으로 정리해본다. 유재석처럼 남을 웃기기 위해서는 단순히 유머나 웃긴 이야기를 외우고 개인기를 열심히 개발한다고 되는 게 아니다.

무술의 고수가 되려면 청소 3년, 밥 짓기 3년을 해야 하듯이, 유재석 같은 예능의 고수가 되기 위해서는 먼저 열심히 갈고닦아 습관으로 만들어야 할 것들이 있다. 읽어보면 '무슨 예능의 정석이 이래?' 하실 수도 있지만, 유재석이 보여주는 예능의 정석은 이렇다. 그 점이 다른 개그맨들과 유재석의 차이다.

스티븐 코비 박사의 책 『성공하는 사람들의 7가지 습관』이라는 책을 읽어보신 분들이 많을 것이다. 난 아직 안 읽어봤다. 성공한 다음에 내 습관이 맞는지 보려고. 유재석이 예능에 임하고 있는 습관 7가지로 탄탄한 예능의 기본을 만들어보자.

★ **제1장**

열심히 하길 바라

21세 대학생이 고민을 토로한다. 자신이 확실히 뭘 좋아하는지 모르겠다고. 좋아하는 게 많은 것 같기도 하고 없는 것 같기도 하다고. 게다가 한 달 후면 입대하는데, 제대하고 나서 뭘 하면 좋을지 벌써부터 걱정이 된다고.

법륜 스님이 말한다. 왜 '나는 뭘 해야 한다'라는 게 반드시 있어야 한다고 생각하느냐고. 군대를 아직 가지도 않았는데 왜 벌써 제대 후를 걱정하느냐고. 학교 다닐 때 국어 시간에 눈치 보며 딴 공부한 적 많았는데 국어 시간에는 국어를 공부하는 게 가장 효율적인 거라고.

군대에 가서는 군대에서 할 수 있는 것들을 해라. 딴생각하는 건 어리석은 일이다. 사람들은 '아, 그때 군대에서 운동을 더 열심히 했어야 하는 건데!' 등의 후회를 많이 한다. 왜냐하면 그때 그 순간, 그때 그곳에서 할 수 있는 경험이 가장 소중한 것이기 때문이다. 어디에 있는 그 안에서 재미를 붙여서 적극적으로 사는 게 제일 잘 사는 거라고 말씀하신다.

이 얘기는 현재에 충실하라는 것, 다시 말해 열심히 하라는 것이다. 그렇다. 열심히 해야 한다. 열심히 한다는 건 지금 자신에게 주어진 것에 최선을 다한다는 것이다. 유재석은 열심히 한다. "열심히 하는 것 외에 특별히 보여드릴 게 없어서"라며 겸손해하지만, 중요한 건 열심히 한다는 것이고, 그래서 시청자는 물론이고 제작진도 좋아하는 것이다.

영화배우 차승원은 유재석의 열심인 모습에 감동했다. 그 모습이 보기 좋아 출연을 자청했다고 한다. 그것도 잘나가던 프로그램이 아니었던, 2005년 8월, 생각만 해도 끔찍한 그 여름 어느 날의 '무모한 도전' 시절이다.

열일곱 번째인 그날의 도전 과제는 '컨베이어벨트 위의 연탄 200장을 단 한 장도 깨뜨리지 않고 수레로 옮기기'. 먼저 훈련에 들어가는데 첫 번째 훈련은 두 사람의 대결. 보기만 해도 시커멓게 높이 쌓여 있는 무연탄 산의 중턱에 묻어놓은 연탄을 뽑아 정상에 있는 화덕에 누가 먼저 꽂아 넣는가를 겨루는 게임이다.

아무리 예능이라지만 연탄재가 온몸에 묻을 수밖에 없는 시커먼 연탄 산으로 서로 몸을 부딪치며 돌진해야 하는 현실에 '내가 왜

**일인자
유재석**

온다고 한 걸까' 라는 표정을 짓는 차승원.

대결은 시작되고 기를 쓰고 몸을 부딪치고 구르고 내쳐지고 하며 끈질긴 승부욕을 보이며 올라가는 유재석과 노홍철을 보면서 그는 이렇게 내뱉는다.

"저 두 분은 이걸 성공하면 돈이 크게 생겨요?"

두 사람은 서로 발을 잡고 아등바등 대자 급기야 차승원은 무승부로 하자며 대결을 끝내자고 한다.

"도대체 이게 뭐하는 거냐고요."

결국 재석을 내던지고 먼저 올라간 노홍철. 연탄을 꽂기 전에 온갖 소리와 폼을 잡으며 "아기 스포츠단 만세~~~"를 외치는데, 그 순간 어느 틈에 올라온 재석이 구호를 외치느라 정신줄 놓고 있던 홍철의 연탄을 뺏어 화덕에 넣게 되는, 말도 안 되는 일이 일어난다.

두 번째 훈련은 한 발 더 나아간다. 감옥 같은 철창 안에 화덕이 있고, 2인 1조가 되어 땅을 파고 연탄을 가지고 들어가 화덕 안에 연탄을 넣는 대결이다. 2분이 지나면 비를 뿌리는 것으로 훈련의 강도를 높여 영화 〈쇼생크 탈출〉 분위기를 낸다. 우리 방송하는 사람들, 바쁜 가운데서도 볼 건 본다.

김성수와 정형돈, 차승원과 노홍철이 짝을 이뤄 대결할 때 재석은 큰 소리로 현장 중계를 하며 분위기를 띄운다. 잠시 후 재석의 차례가 되어 대결에 들어가는데, 차승원은 도저히 이해할 수 없다는 표정을 감추지 못한다.

그런데! 급하게 땅을 파느라 재석은 연탄을 가지고 철창 안으로 들어가야 한다는 걸 깜빡 잊고 몸만 들어간다. 다시 나와서 들어가야 하는 상황, 보다 못한 차승원은 철창을 들어올려 들어가라는 편법을 제시한다.

이런 걸 설상가상이라 하는가. 계속 뿌려댄 비로 파진 구덩이는 흙탕물로 가득하다. 차승원은 철창을 들어주겠다고 하지만, 재석은 거절한다.

"우리는 편법을 이용하지 않고 정정당당하게!"

그리고 코를 쥐고 흙탕물 속으로 얼굴을 밀어 넣어 결국 철창 안으로 들어간다. 이를 코앞에서 지켜보는 차승원은 그저 웃기만 한다.

"아까는 몸이 힘들었는데, 지금은 마음이 아프네."

이러한 힘겨운 과정을 지켜보며 차승원은 근본적인 문제를 제기한다.

"과연 이게 누굴 위한 것이며, 무엇을 위해 이렇게 달려가고 있는지……."

얼굴은 물론 온몸이 시커멓게 된 상태에서도 유재석은 이렇게 정리를 한다.

"바로 저희들 이 작은 힘으로 무모한 것에 도전해서 불가능함을 가능함으로 만들며, 그 속에서 저희들의 눈물과 감동과 웃음을 시청자 여러분께 전달해드리기 위함입니다!"

방송에 임하는 유재석의 기본 정신이 자연스럽게 드러난다. 나

일인자
유재석

중에 차승원은 이렇게 후기를 올린다.

"프로그램에 출연한 모든 출연자분들이 정말 진심 어린 마음에서 프로그램을 이끌었다. 나의 예상과 마찬가지로 프로그램은 전혀 계산된 것이 없었다. 모든 출연진이 이 프로그램을 3D 프로그램이라고 하는데, 나는 3D가 아닌 3다이아몬드 같다고 생각했다. 그만큼 그 안에서 그것을 하는 사람들의 마음은 진짜 보석과도 같은 프로그램이었다."

심형래도 무명에 가깝던 신인 시절의 유재석에게 "넌 크게 되지만, 오래 아주 오래 걸린다. 참아라"고 말했다. 그는 "유재석은 웃기지는 않지만 열심히 하려고 하는 자세가 돼 있었다"고 말한 바 있다. 자신이 맡고 있는 프로그램인데, 열심히 하는 건 당연한 거 아냐? 라는 반론이 있을 수도 있겠다.

메인 MC의 자리로 올라선 이후 유재석이 다른 프로그램에 게스트로 출연한 경우는 손에 꼽는다. 자신이 하던 프로그램의 피디가 맡게 된 다른 프로그램이라든가, 박명수나 정선희 등 강권에 못 이겨 출연을 해야 했던 정도다.

그렇다면 게스트로 출연한 곳에서 유재석은 과연 열심히 했을까. 혹시 인맥에 의해 출연했기 때문에 그저 성의 표시 정도만 한 건 아닐까. 2009년 6월 19일 박명수와 함께 출연한 〈유희열의 스케치북〉을 보자.

사실 엄밀히 따지면 초대 손님은 박명수였고, 유재석은 박명수를 도와주러 나왔다. 먼저 박명수가 나와 자신의 노래 〈바보가 바보에게〉를 불렀다. 두 번째 노래 〈안녕이라고 말하지 마〉는 도우미가 있다고 예고하고 노래를 부르기 시작하는데, 도우미는 유재석이었다. 객석은 난리가 난다. 대한민국 최고의 1인자와 2인자가 듀엣으로 부르는 노래, 서로 애드리브를 경쟁하는 웃음이 가득한 노래였다.

노래가 끝난 후 유재석이 제일 먼저 한 말은 의자를 가지고 온 무대감독에게 한 "감사합니다"였고, 앉자마자 한 말은 "쑥스럽네요"였다.

두 사람은 마치 만담이라도 하는 양 티격태격해가며 유희열과 객석을 즐겁게 한다. 그날 마침 게스트 중에 장기하와 얼굴들이 있었는데 〈무한도전〉에서 했던 '유재석과 면상들'의 춤과 노래를 즉석에서 멋들어지게 해준다.

MC 유희열은 가요 프로그램에서 국민 MC 유재석에게 이거 저거 주문하는 걸 미안해했는데, 유재석은 이런 말로 유희열을 편하게 해준다.

명수   언제 나올지 모르니까 막 시켜.

재석   이렇게 해야 합니다. 빨대를 꼽아서 집에 갈 때는 다리에 힘 풀려서 못 가게 해야 합니다. 독하게 해야 돼요. 다 해달라고 해야 합니다.

예능의 정석
유재석의 7가지 습관

일인자
유재석

명수　안 볼 생각으로 하란 말이에요.

재석　쭉 빨아 드시면 돼요.

　이렇게 해서 유재석과 박명수는 〈유희열의 스케치북〉을 웃음의 도가니로 만들고 자신들이 할 수 있는 최대한의 것들을 보여준다.
　뒤이어 박명수의 노래 〈바다의 왕자〉를 부르는데, 놀라운 사실 한 가지. 최근에 〈개그콘서트〉의 '용감한 형제들'이 노래를 하면서 관객에게 요구를 해서 역시 웃기는 형제들이라는 생각을 하게 했던 동작과 멘트가 있다.
　"일어나지 마! 일어나지 마!"
　3년 전, 같은 무대에서 유재석과 박명수가 했던 것이다.

재석　일어나지 마시고 그냥 앉아 계세요. 일어나시면 저희가 어쩔 줄을 모르거든요. 앵콜은 하지 마시고요.

명수　일어나지 마! 앉아 있어!

　둘은 열심히 노래를 하고 쪼쪼 댄스를 추면서 중간 중간 외치기 바빴다. 일어나지 마! 일어나지 마!
　그는 자신이 하고 있고 하기로 한 것은 그 누구보다 열심히 한다. 열심히 하기에 함께하는 사람들이 살고, 프로그램이 사는 것이다. 열심히 하면, 유재석처럼 될 수 있다.

제2장 ★

부지런히 공부하길 바라

유재석이 현재 매주 만나는 연예인을 대략 헤아려보자. 〈무한도전〉의 여섯 명, 〈놀러와〉에서 고정 네 명과 초대 손님들, 〈해피투게더〉에서 고정 여덟 명과 초대 손님들, 〈런닝맨〉에서도 대략 일곱에서 여덟 명이다. 전부 합치면 고정적으로 만나는 사람들만 이십 명이 넘고 새롭게 만나는 초대 손님들이 대략 열 명은 된다.

그런데 함께하는 사람들에 대해 상당히 자세하게 알고 있다는 느낌을 자주 받는다. 최소한 함께하는 박명수나 하하, 은지원보다 초대 손님에 대해 많이 알고 있다.

유재석은 우리 나이로 마흔한 살이다. 소위 아저씨라고 할 수 있다. 아무리 연예인을 직업으로 가지고 있다지만, 기본적으로 출연

일인자
유재석

자에 대한 관심과 공부가 없으면 불가능한 것이다.

〈런닝맨〉에서 자신들의 저격수로 나온 아이돌 비스트의 멤버를 얼굴만 보고도 바로 이름을 부르며 친근감을 표시한다.

2010년 2월 18일 방영된 〈해피투게더〉에 당시 막 시작한 KBS의 일일 드라마 〈바람 불어 좋은 날〉의 주연 배우인 김소은, 강지섭, 서효림 등이 나왔다. 재석은 친근감을 표시하며 일단 각자의 역할을 물어보다가 강지섭에겐 이렇게 물어본다.

재석   제가 살짝 봤는데 지섭 씨는 바람둥이 캐릭터로 나오시더라고요.

여기까지는 사실 작가가 써준 대본을 보고 그럴 수도 있겠다 싶지만, 그렇지 않다는 것이 바로 밝혀진다.

재석   첫 회부터 보니까 한강에 빠지는 신이 있더라고요.
명수   아니, 뭐 그렇게 방송을 많이 봤어요?
재석   저 일일 드라마 팬이에요.
명수   아니, 모니터 요원이에요?
재석   일일 드라마를 좀 봐요.

다들 놀라니까 박명수가 증언을 한다.

명수	집에서 TV를 세 대 놓고 봐요. 〈추적 60분〉, 뭐 다 봐요. 시사, 교양 가리지 않고…….
미선	박명수 씨도 좀 봐요. 자기 나오는 것도 안 보니까 그렇게 늘지 않지…….

집에 TV를 세 대 놓고 자신이 출연한 프로그램은 물론이고, 다양한 프로그램을 모니터한다는 것이다. 진행자의 공부 중 하나는 게스트에 대한 다양한 정보를 쌓는 것이다.

2010년 6월 〈놀러와〉에 김용준과 황정음 커플이 출연했을 때 재석은 김용준에 대한 사전 정보를 웃음의 소재로 제대로 활용한다. 불과 8개월 전만 해도 SG워너비의 용준이 더 잘나갔는데, 이제는 시트콤 〈거침없이 하이킥〉으로 정음이 스타가 되어 소위 역전한 상황인 데다 결별설마저 나와 우울할 수밖에 없는 시기였다.

재석	이제 생일 다가오죠, 용준 씨?
용준	(의아해하며) 네.
재석	올해는 과감하게 얘기하세요. 갖고 싶다고.
용준	(큰 웃음)
재석	정음 씨도 올해는 어느 정도 생각하고 계실 거예요.
정음	(깜짝 놀라며 웃음)
재석	올해는 과감하게 손가락으로 가리키세요. 저~~~거.

일인자
유재석

이렇게 유재석이 깨알 같은 진행이 가능한 국민 MC가 될 수 있었던 건, 꾸준히 해온 모니터 덕분이다.

2008년 5월 박명수와 함께 출연한 tvN의 〈택시〉에서 얘기한다.

"처음 방송을 시작했을 때 워낙 울렁증이 심해서 어떻게 해야 하나 고민을 많이 했다. 그러다 결국 찾아낸 방법이 많은 프로그램을 보면서 정지를 누르는 방식이었다."

다른 MC들이 진행하는 예능 프로그램을 보다가 MC가 질문을 하면 일시 정지 버튼을 누른다. '저런 질문에 나라면 어떻게 대답을 했을까?', '어떻게 하면 빵 터질까?'를 생각해보는 것이다. 그리고 다시 재생 버튼을 눌러 실제로 한 대답과 자신이 생각한 대답을 비교해보면서 연습을 했다는 것이다.

"제가 생각했던 대답들은 처음에는 참 유치하기 짝이 없었지만, 점점 갈수록 출연자의 대답과 비슷한 생각을 하게 되었고, 그러면서 자신감도 생겼다."

말을 받아치는 훈련을 했다는 것인데, 이것은 당시 예능 버라이어티의 조류가 어떤 방향으로 갈지 짐작하고 있었다는 것을 의미한다. 그래서인가, 마침내 웃음의 신 개그제우스가 운명 같은 프로그램을 만나게 되었으니, 1999년 전국을 개인기 열풍으로 뒤덮은 프로그램 KBS의 〈서세원 쇼〉 '토크박스'였던 것이다.

1999년 7월 5일 『동아일보』에는 '토크박스'로 주목을 받은 '늦깎이 신인 개그맨' 유재석에 대한 기사가 난다. 재석은 수줍게 이런 얘기를 하고 있다.

"다양한 소재와 사례를 찾기 위해 PC통신에 접속하는 것은 기본이고, 신문의 수요 기사는 빼놓지 않고 봅니다. 요새는 시사적인 소재에서 이야기를 끌어내면 반응이 금방 터지죠. 경쾌한 언어 유희가 유치한 말장난이 되는 것도 한순간이거든요."

유머의 소재를 찾는 개그맨들에게 신문은 중요한 자료다. 재석도 신문 읽기를 게을리하지 않았는데, 2010년 7월의 어느 날, 포착된 재석의 모습도 그의 손에 신문이 들려 있었다. 그것도 경제신문이. 유재석에게 공부가 습관이 되어 있는 게 확실하다.

또 한 블로거가 발견한 바에 따르면, 유재석은 '몸짓의 심리학'도 공부한 것이 아닌가 하는 의견도 있다.

〈무한도전〉 '나름가수다' 편에서 중간 점검을 하는 날. 길이 준비한 것은 유재석의 노래 〈삼바의 매력〉이었다. 길은 록 버전으로 편곡한 것을 부른다. 그런데 대부분 반응이 좋고, 박명수는 늘 못마땅하고, 유재석은 왜 자기 노래를 이렇게 바꾼 건지 의견을 제시하는 왁자지껄한 상황이 펼쳐진다.

그때 재석은 길에게 갑자기 "근데 이 노래 아니구나?" 하고 묻는데, 그런 질문을 한 이유가 바로 길이 방금 무의식중에 한 몸짓, 자신의 귓가를 만지는 몸짓을 본 것이다. 바로 이어 나온 말이 "왜 우리가 좋아하는데 (귓가 만지는 흉내 내며) 이렇게 자꾸~."

이러한 동작은 일종의 방어기제인데, 자신의 마음 상태를 조절

**일인자
유재석**

하고 싶을 때 자주 하는 행동이라고 한다. 블로거의 의견이 확실하게 맞는지는 모르겠지만, 단순한 표정에서 나오는 추측이 아닌, 확실히 동작을 보고 의견을 얘기한 재석의 판단은 놀라운 것이고, 정말 공부를 해서 알게 된 것이라면 더 놀랍다고 할 수 있다. 확실히 진행이 직업인 MC가 사람 몸짓의 심리학을 공부한다면 대화를 매끄럽게 이끌어가는 데 긴요하게 쓸 수 있을 것이다.

그는 공포영화 마니아로서 공포 영화 특유의 장치나 반전에서 새로운 영감을 많이 얻는다고 한다. 또한 촬영을 할 때는 실제 녹화보다 후 토크를 많이 뜨는데 경제 · 시사 · 문화 등 그 어떤 대화에서도 막히지 않는다고 한다. 그만큼 평소에 공부를 게을리하지 않는다는 뜻이다.

유재석이 보여주는 예능의 정석을 마스터하기 위해서는, 언제 어디서나 배우려는 자세가 있어야 한다. 모르는 것은 공부하면 된다는 마음가짐을 습관화해야 하는 것이다.

제3장 ★

자신을 낮추길 바라

　　　　　　　김제동이 자신의 안경을 벗기는 스타일에 빗대어 예능 MC들을 언급한 적이 있다.

　"내 안경을 벗기는 스타일을 보면 각 MC들의 리더십이 저마다 다르다. 강호동은 내가 안경을 안 벗으면 안 될 것 같은 상황과 분위기를 만든다. 이경규는 지위와 나이를 이용해 '벗어!' 하면 벗어야 한다. 신동엽은 사전 작업이 많은 편이다. 그리고 유재석은 자기가 먼저 벗기 때문에 나도 벗어야 한다."

　남에게 무엇을 요구하기 전에 자신이 먼저 낮추는 유재석의 스타일이 드러나는 이야기다. 그래서인가. SBS의 〈야심만만〉에서 유재석과 김제동, 김제동과 유재석의 물러설 수 없는 한판 대결이 있었다. 사상 초유의 엽기 얼굴 대결로서 안경 벗기 대결이었다. 안경

**일인자
유재석**

을 벗었을 때 과연 누구의 얼굴이 더 경악스러운가를 가리는 대결이다.

재석   이건 이겨야 하는 거예요?
제동   퀴즈 나갑니다. 얼굴 중에 눈을 맞혀주시면 돼요.

먼저 제동이 벗었는데, 이쯤 되면 안경이라기보다는 거의 가면 수준이다. 다음은 재석의 차례.

재석   여러분이 다 웃을 때에도 저는 웃을 수 없었습니다.
       퀴즈입니다. 나는 누구일까요?

재석이 벗었다. 결과는 김제동의 승리였다.
벼는 익을수록 고개를 숙인다. 이유가 있다. 머리가 무거워져서 그런 거다. 그런데 연예인들은 대부분 머리가 작아서인지 인기가 올라갈수록, 스타가 되어갈수록 고개를 숙이지 못한다. 고개를 뻣뻣하게 들게 된다.
한편으로 생각하면 그렇다고 해서 꼭 나쁘게만 볼 필요는 없지 않나 싶다. 스타는 스타다워야 하지 않겠는가. 스타가 머리를 조아리고 다닌다면 어쩐지 가식적으로 보일 것도 같다.
유재석은 그렇지 않다. 유재석이라는 벼는 익으면 익어갈수록 정말 고개를 숙여왔다. 머리가 작은 편인데도 고개를 드는 것을 거의 본 적이 없다. 오히려 스타가 아니었을 때 건방졌다. 인기가 없었을 때 거만했다고 한다. 1991년 KBS 대학 개그제에서 장려상으로 호명되었을 때 건방지게도 귀를 후벼파면서 건들건들 내려와 선배들을 멘붕에 빠지게 했다.

그랬던 유재석이 달라지기 시작한 것이다. 7년을 〈개그콘서트〉 메인 작가를 한 작가가 증언한다.

"신인 시절 내가 알던 유재석과 스타가 된 이후의 유재석은 완전히 다른 사람이다. 무슨 출생의 비밀이라도 있는 게 아닌가 하는 강한 의혹을 가지고 있다"며 나지막히 말했다.

그 작가의 얘기를 듣고 혹시 유재석이 쌍둥이가 아닌가 하는 생각을 한 적이 있다. 건방이 하늘을 찌르는 동생 유자석과 늘 겸손하고 자신을 낮추는 형 유재석. 둘 다 똑같이 눈이 심하게 좋지 않아 도수가 높은 안경을 써서 어느 순간 바꿔치기를 했는데 사람들이 잘 몰라볼 수도 있지 않을까 하는.

내가 이런 불순한(?) 상상을 하는 데는 이유가 전혀 없는 것은 아니다. 대학 1학년 때 82학번 대선배가 있었다. 눈이 매우 안 좋아 도수가 높은 안경을 착용한 선배였다. 선배는 동사무소에서 방위로 군복무를 마쳤는데 사실은 신병교육대를 가지 않았다는 것이다.

어떻게 그럴 수가 있느냐고 물으니 그 선배에게는 쌍둥이 형이 있었고 똑같이 눈이 안 좋았다. 입대 영장이 나오고 형이 신체검사

일인자
유재석

를 받았는데 시력을 이유로 군 면제 판정을 받았다.

동생인 선배는 형의 결과에 괜히 미소가 지어졌다고 하는데 자신과 형의 시력이 완전히 똑같았기 때문이다. 그래서 선배도 당당하게 신체검사를 받으러 갔고 당연히 면제 판정이 나올 줄 알았는데 이게 웬걸! 선배는 방위 판정이 나왔던 것이다.

충격에 휩싸인 선배는 궁리 끝에 기발한 생각을 한다. 신병교육대에 들어가서 이의신청을 하면 재검을 받을 수 있게 되어 있는데, 신병교육대에 바로 형을 보내기로 한 것이다.

똑같이 생긴 쌍둥이라 아무도 모를 것이고, 형은 이미 의학적으로 면제 판정을 받은 시력이기에 재검을 받으면 당연히 면제 판정을 받아 귀가 조치가 되어 당당하게 집으로 오리라는 시나리오였다.

형에게 어떤 감언이설을 했는지 모르지만 선배가 가야 하는 신병교육대를 들어간 사람은 형이었고, 시나리오대로 이의신청을 하고 재검을 받는다. 결과는? 믿었던 형마저도 방위 판정을 받았다.

그래서 형은 꼼짝없이 4주 동안 신병교육대에서 훈련을 받아야 했고, 4주 후 동사무소로 배치가 되는 순간 비로소 동생과 바꿔치기를 한 것이다. 동생은 군대에서 가장 빡세다는 신병 훈련을 받지 않았지만 처음 보는 동기 방위들을 아는 척하는 연기를 하느라 몇 주 고생했다고 하는, 믿기 어렵지만 분명히 대한민국에서 일어났던 일이다.

혹시 유재석도 건방진 동생 유자석과 겸손한 형 유재석이 있어

'토크박스'에 출연했던 시기에서 '느낌표'의 좋은 모습으로 독서를 권하던 시기까지 어느 순간에 바꿔치기를 한 건 아닌지 의심을 해본 것이다. 아니면 말고.

2000년 무렵 유재석과 함께 조동아리 멤버로 왕성한 활약을 한 개그맨 표영호도 비슷한 유형의 증언을 한다.

"벼는 익을수록 고개를 숙인다고 하는데 재석이 그런 것 같아요. 근데 생각해보면 바뀐 것 같아요. 재석이가 뜨지 않았을 땐 정말 안 그랬거든요. 남들은 올라갈수록 건방져지거든요. 근데 재석이는 올라갈수록 자신을 낮추더라고요. 그래서 얘가 괜찮은 애구나, 하는 생각을 했어요."

그를 알고 있는 사람이면 공통된 의견인 것 같다. 송은이도 2009년 자신과 신봉선이 진행하는 라디오에서 유재석을 두고 이렇게 말했다.

"못 나갈 때는 참 교만했거든요. 잘나갈 땐 겸손하고, 참 이상해~."

SBS 〈런닝맨〉에 처음 출연한 아이돌 리지도 유재석을 선생님이라 부르며 찬사를 보낸다.

"〈런닝맨〉 나갔을 때 유재석은 게스트의 말과 동작을 반복해서 살려줘 기쁘게 해주세요. 남을 비하하면서 웃기는 게 아니라 자신을 낮추면서 재미와 웃음을 주시더라고요."

리지가 앙증맞게 '오빠~'를 말하면, 재석은 그걸 바로 따라 하면서 리지의 기분을 살려주는 것이다.

그렇다면 유재석은 언제부터 자신을 낮추는 개그를 선보인 걸

**일인자
유재석**

까. 유재석을 전국구 개그맨으로 도약하게 한 '토크박스'에서 한 얘기들이 사실은 자신을 낮춘 것들이다. 얘기를 들어보자. 13년 전의 이야기지만 지금 들어도 재미있다.

제가 수영장에 갔었습니다.
수영장에 갔는데 두루마리 휴지를 가지고 갔어요.
수영을 하고서 두루마리 휴지를 가지고 화장실에 갔는데 간이화장실이죠. 간이화장실 갔는데, 이거 이렇게 돌려서 뜯지 않습니까. 이걸 하나에 딱 돌리는데 물이 묻었으니까 하나에서 뚝 끊어지는 거예요. 그래서 두루마리가 밑으로 빠졌어요.
그래서 한 마디만 남은 거예요.
그래서 한참을 고민했어요. 이거 어떻게 해야 되나. 불러봐야 들리지도 않고, 옆은 다 막혀 있으니까 옆 사람한테 달랠 수도 없고, 너무 고민인 거예요. 한 시간을 있으니까 막 다리가 저려오더라고요.
그래서 이젠 어떻게 됐든 나가야 될 거 같은데, 그냥 수영복을 입으면 안 되잖아요, 수영장인데.
그래서 생각하다가 이 한 장 남은 것을…… 붙였어요.

아무리 인지도가 미미하다 하더라도, 전국으로 방영되는 인기 프로그램에 나가서 하기에는 쉽지 않은 내용이다. '토크박스'에 나와 이 얘기를 하기 전에는 유재석을 알고 있는 사람들에겐 그저 뻔

뻔한 백수 남편이었고, 베짱이였는데 자신의 치부를 드러내는 그의 진솔한 모습에 유재석을 다시 보게 된 것이다. 내친 김에 하나 더 늘어본다.

지방을 갔다 오는데 돈이 1300원밖에 없어요.
집 근처에 거의 다 왔는데 기름이 다 떨어져서 얼마 못 가고 진짜 설 거 같더라고요. 그래서 주유소에 딱 들어갔어요.
그래도 창피하니까 창문을 요만큼 내리고요,
"한 장이오."
그랬더니,
"만 원이오?"
"아니, 천 원이오."
이 사람이 갑자기 날 이렇게 쳐다보더니, 굉장히 큰 소리로
"여기 천 원어치~~~~ 여기 천 원어치~~~."
주변 사람들이 모두 날 쳐다보는 거예요.
그래서 고개 딱 숙이고 있는데, 전 그래도 한참 지난 줄 알고,
천 원이면 좀 들어갈 줄 알았는데 기름 딱 꽂자마자, 딴 거 없이 찍!
기름 천 원어치가 누르고 찍! 이 사람이 찍! 하고 나더니 끝이더라고요.
어쨌든 이제 그냥 나가려고 그러는데 차를 두 번 뚱뚱 치면서
(큰 소리로) "자, 천 원 출발~~~~~."

**일인자
유재석**

    예능 프로그램에서 개그맨이 MC를 본 것은 MBC 〈일요일 밤의 대행진〉의 김병조가 최초라고 할 수 있다. 그 후 주병진을 거쳐 이경규, 서세원이 MC계를 주름잡고 신동엽, 남희석, 이휘재 등으로 MC 계보가 이어지는데, 메인 MC들은 속성상 자신을 낮추는 진행이나 개그를 하기가 쉽지 않다. 프로그램을 장악해야 하기 때문이다.

    사회심리학자 레빈의 조사에 의하면, 남녀 코미디언들이 스스로를 비하하는 유머를 얼마나 자주 사용하는지 알아봤다. 남자가 12%, 여자가 63%였다.

    하지만 유재석의 진행은 다르다. 자신이 진행자로 독립되어 있기보다는 출연자들과 함께 구르고 뒹굴며 호흡을 같이한다. 자신을 낮추고 오히려 남을 돋보이게 한다. 자신만을 생각하는 것이 아니라 프로그램 전체를 생각하는 것이다.

    자신을 낮추는 것은 확실히 이미지를 좋게 한다. 2012년 4월 24일 SBS의 〈강심장〉에 오랜만에 아이비가 나왔다. 여러 가지 이유로 비호감 이미지가 컸던 그녀가 스튜디오에서 급 호감의 이미지를 구축했는데, 비결은 얼굴을 구기는 것! 바로 자신을 낮추는 것이었다.

    이렇게 자신을 낮추는 것은 프로그램에 참여한 전체 출연자를 업그레이드시켜주는 효과가 있어 결국 프로그램의 질이 높아지게 한다. 그런 점에서 유재석의 자신을 낮추는 진행은 결과적으로 자신을 높게 만들고 있는 것이다.

제4장

배려하길 바라

　　　　　이번 장은 퀴즈로 시작하겠다. 근데 죄송하지만 영어를 좀 알아야 쉽게 이해할 수 있다. 감안하고 보셨으면 좋겠다.

　한 프로그램이 있다. A라는 연예인과 B라는 연예인이 함께 MC를 본다. 3명의 고정 패널 C, D, E가 있고, 4명의 게스트 F, H, I, J가 출연한다. 앞에는 K에서 Z까지의 방청객들이 웃을 준비를 하고 있다.

　여기서 퀴즈! A라는 MC의 가장 큰 적은 누구일까?

① MC B　　② 고정 패널 C, D, E
③ 게스트 F, H, I, J　　④ 방청객 K~Z

정답은 이 4장의 끝에 말씀드리겠다.

　이름만 대면 다 아는 유명한 남자 MC가 있다. 많은 프로그램을

예능의 정석
유재석의 7가지 습관

일인자
유재석

진행했는데, 주로 여자 MC와 더불어 진행을 많이 했다. 몇 년 이상 가는 장수 프로그램의 진행도 많이 했는데, 여자 MC만 교체가 되고 남자 MC는 고정불변이었다. 함께 진행을 하고 나면 여자 MC는 화장실로 뛰어가 울었던 적이 적지 않았다고 한다. 왜? 자기가 무슨 얘기를 좀 하려고 하면 같이 진행하는 남자 MC는 툭툭 끊거나, 서로 나눠서 진행하기로 되어 있는 것을 지키지 않았다는 것이다.

이 얘기는 내가 초보 작가 시절, 한 선배 피디가 마치 자신만이 알고 있는 비밀이라며 들려준 얘기다. 난 '고뤠에에요?' 하면서 대단한 통찰을 얻었다는 리액션을 날렸다.

당시는 집단 MC 시스템이 나오기 전이어서 대부분의 프로그램은 2MC 혹은 3MC 시스템이었다(최초로 집단 MC를 도입한 프로그램은 1990년 MBC에서 송창의 피디가 제작한 〈일요일 일요일 밤에〉다).

'부탁해요~'를 느끼하게 날리는 이덕화와 김희애, 가수로 시작해서 전문 MC로 활약한 임백천과 여자 MC, 깔끔한 진행 능력을 보여준 임성훈과 여자 MC 등의 시스템 아니면 나도 참여한 〈일밤〉의 이문세, 이홍렬, 이성미의 3MC 시스템이다. TV 화면으로 보는 MC들은 서로 좋아 죽겠다는 듯 웃고 미소 지으며 사이좋게 진행한다. 하지만 미소를 띠며 진행하는 두 사람은 사실은 보이지 않는 치열한 전쟁을 하고 있는 것이다.

같이 프로그램을 책임지고 있는 MC들이 이럴 지경인데, 고정으로 나오는 패널과 단발로 출연하는 게스트는 어떨까. 프로그램의 MC는 속성상 자신의 프로그램을 책임지고 있는 위치에 있기에, 자신이 생각하는 대로 이끌어가려 한다. 고정 패널과 게스트들은 MC가 원하는 방식으로 끌려오는 것이 좋다고 생각한다. 자신이 주인으로 있는 프로그램에서 고맙게도 초대를 해온 거니까 고마워해야 한다고 생각한다. 일반적으로 그렇다는 얘기다.

어떤 면에서는 2000년 이전의 대부분의 프로그램은 소수의 MC가 주거니 받거니 말을 주고받았고, 내용도 야외에서 미리 촬영해 놓은 VCR을 보면 됐다. 그렇기 때문에 MC들도 자기들끼리만 신경전을 벌이면 되었고, 더더욱 게스트들도 자기들이 할 얘기만 하면 되었다.

그런데 세월이 바뀌었다. 트렌드가 변화되었다. 출연자들이 많아졌다. 카메라도 많아졌다. 이렇다 할 대본도 없다고 한다. 알아서 놀라고 하는 것이다.

그때까지 진행자로 이름을 날리고 있던 MC들은 살짝 당황했다. 무려 열 명이 넘는 연예인들이 함께 놀자고 모였다. 한 사람 한 사람이 개성이 강하고, 천방지축에 어디로 튈지 모르는 사람들이 열 명이 넘게 모여 있다고 생각해보라. 무슨 군대도 아닌데, 어떻게 진행을 하며 프로그램을 이끌고 나갈 수 있을지 답이 안 나오는 상황들이 전개된 것이다.

그 옛날 MBC의 〈유쾌한 청백전〉과 〈명랑운동회〉가 21세기 벽두에 재현되었다. 변웅전 아나운서처럼 호루라기를 불고 허허허~

**일인자
유재석**

너털웃음 짓는다고 해결될 문제가 아니었다. 시대는 새로운 스타일의 MC를 요구하고 있었다. 29세의 수줍은 청년 개그맨이 여기에 뛰어들었다.

평정. 무슨 강압적인 방법을 쓴 것도 아니었다. 소리를 고래고래 지른 것도 아니었다. 배꼽이 빠지도록 웃음폭탄을 터뜨린 것도 아니었다. 함께하는 연예인들이 껌뻑 죽을 범접하지 못할 스타는 더더욱 아니었다.

진행을 하려 하지 않았다. 뒤에 있지 않고 함께 놀았다. 출연자가 수줍어하고 부끄러워하면 스스로 망가지고 무너지는 것으로 웃음을 터뜨리게 했다. 무엇보다 열심히 했다. 유재석 표 진행의 시작이었다.

커다란 운동장에서 작은 동그란 단상 위에서 춤을 추는 건 아무리 연예인이지만 쉬운 것은 아니다. 양미라가 춤추는 걸 자신 없어 하자, 재석은 박경림과 함께 몸을 흔들어댄다.

곱상하게 생긴 김채연이 예상외로 서태지의 〈난 알아요〉 춤을 추자, 같이 따라 하는 것에 그치지 않고 "아니, 자기 주먹으로 자기 턱은 왜 날립니까?"라고 예리하게 포착하여 웃음으로 만든다.

고공 사다리 훈련에서는 김종석과 같이 올라가는데 공포증이 있는지 거의 인간의 바닥을 그대로 드러내버린다.

재석 너 내려가면 죽을 줄 알어!
    종석아, 깃발 좀 흔들어봐~.

고작 13미터 위에 있었던 건데, 지상으로 내려온 재석은 거의 기절 상태다. MC가 이러고 있다.

새식이 한 신행은 열심히 함께했다는 것이다. 이 지점에서 출발한 재석의 진행 방식은 함께하는 한 사람 한 사람이 모두가 즐거울 수 있게 관심을 갖고 보살펴주는 것으로 진화해간다. 이른바 배려형 MC가 탄생하는 것이다.

배려(配慮). 여러 가지로 마음을 써서 보살피고 도와줌.
관심을 가지고 도와주거나 마음을 써서 보살펴주다.

예능 프로그램에 익숙하지 않은 탤런트나 배우, 가수들이 나오면 저마다의 언어라는 이름의 총성이 오고 가는 전쟁터에서 언제 끼어들어야 할지 몰라 어색해할 때가 적지 않다. 누구 하나 신경 써서 챙겨주는 사람이 없다.

〈해피투게더〉에 탤런트 강지섭이 나왔다. 앞부분에서 예능에 나오니까 떨린다, 무슨 얘기를 해야 할지 모르겠다는 등의 얘기들이 오고 갔고, 많은 얘기가 진행되고 있는데 재석의 눈에 골똘한 표정으로 있는 강지섭이 보인다.

재석　캐비닛 토크 생각해요?

**일인자
유재석**

    소외되고 있는 게스트가 어색하지 않게 질문을 던져, 게스트는 물론이고 모두가 웃음 짓게 만든다.

    2009년 여름, 〈무한도전〉에서 무인도로 바캉스를 간다며 남자 출연자들만 모아서 진행한 적이 있다. 오프닝은 오랜만에 '일찍 와주길 바래'로 진행했다. 선착장 입구에서 혼자 출연자들을 기다리고 있는 재석, 간만에 혼자 얘기하느라 신이 났다. 손호영이 가장 먼저 도착했고, 상추가 왔고, 세 번째로 모델 배정남이 왔는데 이 친구가 예능에 첫 출연이라는 거다. 뭐 하는지도 자세하게 모르고 온 눈치다.

    재석이 가만히 있을 수 없다. 손호영과 상추는 활발하게 얘기를 하는데 배정남이 제대로 끼어들지 못하자 계속 말을 건다. 그런데 몇 차례 대답하는 걸 보다 못한 재석이 한 가지 중요한 테크닉을 알려준다. 마치 강의하듯이.

    재석   손호영 씨를 보세요. 아무 얘기 없어도 계속 이러고 계시거나, 이게 리액션이거든요. 다른 분들의 얘기, 나와 상관없는 얘기, 내가 관심 없는 얘기라 해도 누군가 얘기 중이면 무조건 고개를 끄덕거려요. 내가 그 얘기에 수긍이 가든 안 가든, 무슨 저런 얘길 해~ 하더라도 일단은 고개를 끄덕거리세요. 왜냐? 수십 대의 카메라가 여러분 한 분 한 분을 다 찍고 있어요. 저쪽에서 유재석이 얘기하고 있고, 난 이쪽에 있으니까 안 보이겠지, 절대 그렇지 않습니다. 저거 보세요. 누군가 분명히 우리를 보고 있다는 점, 그리고 그 카메라를 통해서 시청자도, 아니 쟤는 다 얘기하는데 딴 소리 하고 있어? 한다는 거예요. 어, 정남 씨, 해보세요. 자연스럽게 리듬을 타세요.

그 후에도 계속 배정남을 챙겨주는 모습을 볼 수 있다. 아마도 모든 촬영이 끝난 후 배정남은 재석의 팬이 되지 않았을까.

물론 모든 비예능인들이 다 어색해하거나 섞이지 못하는 건 아니다. 남북 탁구 단일팀의 이야기를 다룬 영화 〈코리아〉의 출연자들이 나왔다. 현정화와 유남규는 오히려 예능에 놀라운 적응력을 보여주었고, 배우 이종석이 첫 출연이었다. 영화에서의 역할 얘기를 하다가 이종석이 먼저 자신이 평양의 차도남? 이라고 얘기를 하니까 재석은 진정으로 미안해한다.

재석 아~, 우리가 끼어들었어야 하는 건데~.

MC인 자신이 먼저 챙겨주지 못한 것에 진심으로 미안해하는 것이다. 자신이 오랜 세월 주목받지 못하고 가장자리에 있었기에, 막 들어온 신인들과 아직 뜨지 못하고 있는 후배들에게 자꾸만 시선이 가는 건가. 재석의 후배들에게 배려하는 모습은 하도 많아 다 소개하자면 책 한 권이 될 정도다. 지금 주목받고 있는 개그우먼 중 하나인 안영미가 들려주는 이야기가 인상적이다.

**일인자
유재석**

"'쟁반노래방'에서 제가 신인 때 찬스 걸로 나간 적이 있었어요. 노래 맞힐 때, 힌트 줄 때 노래 가사 한 줄 보여주기 요런 거 있잖아요. 그걸 제가 했었는데, 그게 만약에 게스트들이 안 뽑으면 전 그냥 기다리다가 가는 거예요. 근데 유재석 선배님께서 그걸 게스트 분들이 안 뽑으시면 계속 뽑게 하시더라고요. 저 나오게 하려고. 저를 띄워주시려고, 저는 와서 찬스만 뽑고 가면 끝나는 거잖아요. 근데 '아, 우리 신인 개그우먼인데 개인기도 많고, 성대모사도 잘한다' 제가 그때 성대모사가 없었어요. 민폐가 될 수 있는 상황이었는데, 그때 가수 이수영 씨가 나와 있는데, 그냥 즉흥적으로 저 이수영 씨 성대모사 하겠다고, 말도 안 되는 성대모사를…… '덩그러니~' 했어요. 근데 유재석 선배님이 쟤는 된다고! 쟤는 된다고! 그래서 그때 방송에도 나올 수 있었죠. 그리고 찜질방에 모여서 코미디언들이 회의를 했는데, 저희가 회의 다 끝나고 집에 가려고 나오니까 유재석 선배님께서 이미 계산을 다 해주셨더라고요. 잘되는 사람은 다 이유가 있는 것 같아요."

재석의 배려심은 스태프는 물론이고, 일반 출연자들에게도 마찬가지다. 유재석이 진행한 〈진실게임〉에 출연했던 선생님이 겪은 일을 한 학생이 인터넷에 올렸다.

저희 학교 체육 선생님이 11/29일, 그러니까 지난주 수요일에 유재석이 진행하는 '진실게임'을 촬영하러 갔대요~. 근데 유재석 씨가 유명하잖아요. 그래서 애들한테 말하니까 애들이 막 사인 받아달라고 했대요. 그래서 애들이 꾸민 사인 용지를 가지고 녹화하러 가셨대요. 그래서 녹화가 끝난 다음에 유재석 씨한테 그 용지를 드리면서 사인 좀 해달라고 그랬대요. 그 양이 되게 어마어마했다고 하네요. 얼마나 귀찮으시겠어요. 보통 아이돌 그룹 분들이라면 안 해주실 것 같아요. 유재석 씨가 하는 프로그램이 한두 개가 아니라서 바쁘실 거 아니에요! 근데 유재석 씨가 체육 선생님한테 "기다리시기 힘드실 테니까, 제가 다 해서 학교로 보내드리겠다"고 했대요. 그리고 이틀 후인 금요일 날 택배가 도착했다고 하네요. 이름도 하나하나 다 쓰시고 한두 명도 아닐 텐데 팬 사인회도 아니고요. 얼마나 힘드셨을까. 그걸 체육 선생님한테 들었는데 역시 유재석이라는 생각이 들었어요.

이쯤 되면 그야말로 배려의 신이라고 하지 않을 수 없다. 과거 무명 시절의 유재석과 스타가 된 후 배려를 발휘하는 유재석의 모습 사이에는 도대체 어떤 일이 있었던 것일까?

이제, 4장의 맨 처음 냈던 퀴즈의 답을 말씀드리겠다. 자세히 읽어 오신 분이라면 쉽게 맞히실 것이다. 정답은 ①번이다.

같은 문제에서 보너스 퀴즈 드리겠다. 알파벳 하나가 빠져 있다는 거 눈치채신 분 계셨는지? 보시면 되니까 정답은 굳이 알려드리지 않겠다. 그 유명한 문구, 정답은 문제에 있다!

★ **제5장**

남을 돋보이게 하길 바라

첫 회 방송을 보고 그야말로 '뻑 갔던' 토크쇼가 있다. 〈라디오 스타〉. 김국진이 오랜만에 복귀한 것도 무척이나 반가웠지만, 전혀 어울릴 것 같지 않은 세 사람(윤종신, 신정환, 김구라)을 한자리에 모아놓은 것이 대박이었다. 나였다면 생각지도 못했을 과감한 발상.

그런 네 사람이(두 달 후 김국진 합류) 옹기종기 모여서 보이는 라디오가 아닌 들리는 TV에 고품격 음악방송을 한다는 게 너무 재미있었다. 당연히 게스트가 나왔고, 게스트에 대한 질문들을 하면서 토크쇼가 흘러가야 할 텐데, 이들은 서로 자기가 주목을 받으려고 아웅다웅하는 게 아닌가. 그걸 지켜보는 게스트가 어이없어하고…….

마치 옷가게에 손님이 왔는데 점원 두 사람이 서로 자기가 권하는 옷이 더 좋다고 싸우는 꼴이었다. 일이 점점 커져 나중에는 서로의 안목을 가지고 다투는…… 손님은 그걸 황당해하면서도 재미있게 본다는…….

MC가 자기들끼리 토크하기 위한 것이 토크쇼의 목적은 아닐 것이다. 게스트가 주인공이고, 시청자를 대신하여 초대받아온 게스트에게 궁금한 점을 묻거나 게스트가 하고 싶은 얘기를 하는 자리여야 하는 게 토크쇼의 본질이다. 그런데 〈라디오스타〉는 이 본질을 그냥 무너뜨렸다.

〈라디오스타〉는 2006년 시작한 MBC 〈황금어장〉의 한 코너인데, 1년이 지나도록 정착을 하지 못하고 계속 바뀌어오다가 2007년 5월 30일 새롭게 〈라디오스타〉로 첫 방송을 했다.

윤종신과 신정환의 기존 멤버에 김구라가 합류하고 첫회 게스트로 정형돈이 출연한다. MC를 한다는 세 명과 게스트가 앉아 있는데, 이런 대화들이 오고 간다.

> **구라** 윤종신, 신정환, 제가 한다고 해서 야 이건 좀 힘든 구성이다, 그래서 게스트에 희망을 걸어보자 했는데 정형돈 씨가 나온다는 얘기를 듣고…… 이야~
>
> **형돈** 〈무릎팍도사〉인 줄 알고 왔는데 아니라서 불쾌하더라고요. 솔직히 이 세 분이 방송에서 보면 주류는 아니잖아요. 남이 진행을 하면 옆에서 주워 먹는 스타일 아닙니까, 세 분 다.

| 일인자 유재석 | 구라 | 맞아요, 저희가 주워 먹는 스타일이죠. 그래서 오늘 던져 줄 사람이 없잖아. 그래서 우리끼리 뜯어먹으려고 당신을 부른 거야.
| | 형돈 | 궁금한 게 세 분 중에 메인은 누굽니까?
| | 정환 | 우리도 〈라디오스타〉라는 첫 코너 첫 방송인데 스타를 불렀어야 돼.
| | 형돈 | 〈황금어장〉에서 섭외 왔으니까 '무릎팍'인 줄 알았어요.
| | 구라 | '무릎팍'이 아니니까 〈황금어장〉이라고 했지.

네 사람이 옥신각신하면서 오프닝만 하느라고 시간이 흘러간다. 편집을 해서 그 정도다.

　　　구라　요즘 한가하시겠어요?

　　형돈이 얘기하려는데 윤종신이 끼어들고, MC들끼리 얘기하니까 형돈이 못 참고, 자기는 언제 얘기하느냐고 따진다. 게스트는 왜 자기가 하고 싶은 말을 못 하게 하느냐 하고, MC는 게스트라도 하고 싶은 말을 참으라 하는 독특한 방송이다.
　　〈라디오스타〉 방송이 나가고 나서 주변의 반응은 극과 극으로 나뉘었다. 어떻게 저런 프로그램이 있을 수 있지? 게스트를 모셔놓고 자기들끼리 다투고 주목받으려 하고, 게스트에게 민감한 질문들도 막 던지고 막말하고……라며 흥분하는 유형과 굉장히 재미있던데? 신선하던데? 하는 유형이다. 나는 당연히 후자에 속하는 사람이었다.

프로그램의 진행자인 MC라는 사람은 그 위치와 역할 때문에 가만히 있어도 돋보인다. 주목을 받을 수밖에 없다. 그렇기에 방송인이라면, 예능인이라면 너도 나도 궁극적으로는 MC가 되고 싶어 하고, 최후에는 자신의 이름을 건 〈OOO쇼〉를 진행해보는 게 소원이다.

그런 점에서 자니윤, 주병진, 이홍렬, 이문세, 이승연, 김혜수, 박중훈과 최근의 고현정(고쇼) 등은 소원을 성취한 능력자이고 행운아들이다. 근데 거성쇼도 넣어줘야 하나?

이런 점에서 예능인은 이름을 지을 때 신중할 필요가 있다. 상추나 길, 올밴은 원대한 꿈이 있다면 이름을 다시 생각해봐야 할 것이다. 그래서 양배추가 이름을 바꾼 건가?

이렇게 MC는 주목을 받을 수밖에 없는 사람들인데, 〈라디오스타〉는 그걸 조금이라도 더 자기가 받겠다고 다 큰 어른들이 노골적으로 신경전을 벌이고 싸우고 있으니 재미있다. 게다가 서로를 깎아내리는 데 혈안이 되어 있다. 다른 진행자가 게스트에게 하는 질문이나 반응에 대해 "그게 뭐야?" 하면서 대놓고 무시한다.

〈라디오스타〉가 신선하면서도 재미가 있었던 이유는 그동안의 MC들이 보여주었던 진행에 대한 불편한 진실을 건드려서인지도

일인자 유재석

모른다. MC들은 함께하는 다른 MC나 고정 패널들, 게스트에게 늘 웃음 지으며 좋은 얘기를 해온 일종의 감정 노동자다. 방송계의 홍길동이었다. 아버지를 아버지라 부르지 못하고, 싫은 걸 싫다고 얘기하지 못하는 사람들이었다. 그래서 많은 부분 형식적이었고 어떤 면에서는 가식적이었다.

녹화 현장에 있으면 MC들의 리얼한 인간적인 면을 보게 된다. 카메라 앞에서는 사람 좋은 웃음을 보이다가 카메라가 꺼지면 무표정으로 변하는 사람들이 적지 않다. 그래서 좋지 않다는 게 아니다. 그들도 엄연히 직장에서 일하는 노동자인 것이다. 그것도 자신의 감정과 관계없이 좋게 일해야 하는 감정 노동자.

바로 이런 점 때문에 자신들의 솔직한 감정을 거침없이 드러내는 전략을 택한 〈라디오스타〉가 오히려 더 살갑게 다가왔던 것이다.

그런데 유재석은 〈라디오스타〉와는 정확히 반대 지점에서 자신의 감정을 유감없이 드러내고 있다. 〈라디오스타〉가 자기가 더 주목을 받으려고 노력했다면, 유재석은 상대방이 더 주목받게 하려고 노력한다. MC인 자기가 주인공이 되기보다는 게스트나 함께하는 진행자들이 진정한 주인공이라고 생각하고 행동한다.

초반에는 일종의 전략이었을 수도 있다. 감정 노동이었을 수도 있다. 가식이 있었을 수도 있다. 그런데 같은 것도 계속하면 습관이 된다고 했던가. 어느 순간 유재석의 진행은 진심으로 상대방을 돋보이게 했다. 자신의 말로, 행동으로 상대방이 상처를 받는다면 굉장히 아파한다. 후회하고 반성한다.

많은 사람이 자신을 낮추고 남을 돋보이게 하는 유재석의 진행 방식과 성격에 대해 의구심을 보냈다. 가까이에 있던 사람들도 마찬가지였다. 하하도, 노홍철도, 정형돈도 그랬다. 심지어는 강호동도 그랬다. 유재석이 결혼하기 전에 한 라디오에 나와서 얘기한다.

"1, 2년 이미지 관리는 쉽지만 유재석은 이미지 관리가 아니라 원래 성격이 그렇다. 유재석 씨는 녹화 끝나고 밖에서 볼 수가 없다. 녹화 끝나면 집이다. 일상이 녹화-재활-녹화-재활이다. 외출이 간혹 우리 집이다. 여가 시간이나 사랑을 하고 싶지 않느냐며 물어봤더니 준비가 안 되어 있다고 하더라. 아직까지 시청자분들에게 전달해드려야 될 에너지나 능력을 더 노력해야 되는 과정이기 때문에 여자를 소개받는다는 자체가 그분한테 미안하다는 거다. 카메라가 비추고 있고 잘나 보이고 싶고 겸손한 척하기 위해 그렇게 얘기할 수 있다. 근데 재석이는 우리 집에서 나와 둘이 있는데 이런 말을 한다는 거다."

김구라가 명명한 '방송 기계' 유재석은 자기가 아닌 남을 돋보이게 하는 진행으로 수많은 연예인이 그와 함께 프로그램을 하고 싶어 하게 한다.

〈해피투게더〉에 김태원, 정형돈, 하하, 윤형빈, 데프콘이 나왔다. 데프콘은 〈해피투게더〉가 첫 출연이다. 아무래도 얘기하면서 주변의 눈치를 보게 되는데, 데프콘 스스로 "제가 뮤지션이라 보니

**일인자
유재석**

까……"라는 말을 하고, 유재석은 미안해하며 이렇게 말한다.

"아~ 저희가 뮤지션이라고 불러드려야 했는데……."

이렇게 자신만 보는 게 아니고 남을 생각하는 습관은 처음부터 그런 건 아니었다.

"몇 년 전까지는 내가 웃겨야지, 이런 생각을 많이 했는데, 이제는 나 자신을 비롯한 동시대의 모든 분들이 한가족이 아닌가 하는 생각…… 한 세대가 아닌가, 서로 도와줘야 하는 거 아닌가, 하는 생각…… 다 같이 시청자에게 즐거움을 드린다는 목표를 가져야 하는 거 아닌가."

〈무한도전〉 1기 시절, 방송계에서 왜 방송국을 옮겨가며 그 되도 않는 짓거리를 또 하느냐며 혀를 차게 했던 '무모한 도전'을 함께 시작한 표영호가 처음부터 유재석을 좋아한 건 아니었다. 그냥 알고 지내는 학교 선후배, 타 방송사지만 개그맨 선배(유재석이 나이는 어리지만 먼저 데뷔했다)로서 알던 사이였다.

또한 그 시기의 재석은 스타 개그맨의 반열에 올라 있었다. 콘셉트는 썩 마음에 들진 않았지만, 토요일 저녁이라는 황금 시간의 고정이라는 큰 의미가 있었기에 함께 시작했는데, 유재석이라는 사람의 다른 모습이 보이더라는 것이다.

"보통 개편을 앞두면 출연료 얘기를 한다. 당연히 인상을 얘기한다. 그런데 재석이는 단 한 번도 먼저 출연료를 올려달라고 얘기하는 걸 보지 못했다. 대부분의 MC들은 당연히 자기가 주인공이고,

자기 때문에 프로그램이 굴러간다고 생각한다. 그래서 출연료에 대한 인상은 자존심이 걸린 문제라며 매니저를 통해 얘기한다. 그런데 재석이는 자기만 보는 게 아니라 프로그램 전체를 보더라. 제작비는 거의 정해져 있는데 자기 출연료가 올라가면 누군가의 몫이 줄어들거나 일자리를 잃을 거라고 생각한다. 그래서 우선 프로그램을 재미있게 만들어야 한다고 생각한다. 프로그램이 재미있으면 시청률이 올라갈 것이고 광고가 많이 붙으면 제작비도 올라갈 테니 결국 자기한테도 좋은 게 아닌가, 라고 생각하더라. 그런 모습을 보고 재석이가 다르게 보였다."

이런 얘기를 유재석도 라디오에서 살짝 한 적이 있다.

"예전에는 나 혼자 재미있으면 되고, 내가 재미있으면 만족했다. 그런데 요즘은 나보다 프로그램 전체를 보고 주변 분들을 보게 된다. 그래서 예전보다 더 피곤하다."

자신보다 남을 돋보이게 하면 결국 프로그램 전체에 도움이 된다는 생각, 그가 진행하는 프로그램에서 그가 돋보이게 하여 스타가 된 사람들은 여럿이다.

〈무한도전〉의 박명수, 정형돈, 정준하, 하하가 있고, 〈해피투게더〉에서도 함께하는 박미선과 신봉선이 그렇다. 최근의 G4 개그맨들이 그렇다. 〈놀러와〉는 예전의 MC라면 그렇게 오랜 세월을 김원희와 함께하지 못했을 것이다. 〈런닝맨〉은 예능 초보 이광수, 송지효, 개리가 유재석을 통해 큰 웃음을 주고 있다. 특히 박명수는

예능의 정석
유재석의 7가지 습관

**일인자
유재석**

유재석과 함께할 때와 혼자 있을 때가 차이 나는 걸 보면 알 수 있다.

남을 돋보이게 하기 위한 좋은 방법 중 하나는 캐릭터를 만들어 주는 것이다. 함께 방송을 한 사람들의 얘기를 들어보면 재석은 한 사람 한 사람의 별명을 지어주거나 조금이라도 특징을 발견하려고 애를 쓴다.

사실 일반적인 MC들은 누가 그렇게 하려고 하면 오히려 못하게 말린다. 왜? 그 사람이 뜰까 봐, 그 사람에게 집중될까 봐. 하지만 재석은 프로그램 전체를 띄우기 위해서라도 참여하는 사람들을 어떻게 해서든 돋보이게 하는 것이다.

제6장

희생하긴 바라

　　　　　　유재석이 보여주고 있는 예능의 정석은 쉬운 길만은 아니다. 웃자고 시작한 도전이 유재석과 함께하다 보면 어느새 콧날이 시큰해지는 경우가 한두 번이 아니다. 특히 재석은 팀을 이끌고 있는 팀장으로서 희생의 리더십으로 이끄는 걸 자주 보게 된다.

　2011년 2월. 〈무한도전〉에서 동계올림픽 특집을 하기 위해 모인다. 먼저 몸 풀기 게임으로 '얼음 윗몸일으키기'로 몸 개그가 작렬하고, 침낭 봅슬레이를 하기 위해 얼음 속 이름표를 꺼내 대진표에 붙이기를 하는데 부전승의 의미도 모르고 각자 좋아하는 번호에 붙이는 바보들의 행진도 충실하게 보여준다.

　이어서 점프하는 음식을 받고, 인간 컬링 게임하는 모습을 보면

일인자
유재석

정말이지 놀이하는 인간이라는 호모루덴스를 제대로 표현하는 사람들이라는 생각이 절로 든다.

이렇게 웃고 떠드는 가운데 드디어 오늘의 메인 도전인 스키점프대를 정복하는 미션이 온다. 1단계는 30도의 눈보라 코스이고, 바로 이어 50도 경사, 120미터 코스를 아이젠이라는 이름의 덧신을 신고 올라가야 하는 것이다. 모두가 고소공포증이 있기에 서로 믿고 의지해야 하는 미션이라는 것을 알지만, 멤버들은 올라가기 시작한다. 아마도 앞으로 닥쳐올 상황들이 그렇게 힘들 것이라는 생각은 미처 하지 못했을 것이다.

50미터 지점부터 준하가 힘들어하기 시작한다. 재석은 같이 올라가야 하니까 독려하면서, 미끄러지더라도 뒤에서 오고 있는 사람이 다치면 안 되니까 조금만 넓게 해서 가라고 소리친다. 하하도 생각보다 너무 무섭다고 하고, 길은 아이젠이 벗겨지고, 홍철이 뒤로 미끄러지기 시작하고, 결국 명수가 가장 먼저 밑으로 미끄러진다. 준하도 미끄러진다.

힘들 거라는 예상은 했지만, 이렇게까지 미끄럽고 힘들 줄이야. 과연 모두가 올라가는 데 성공할 수 있을지, 의구심을 가지면서 그래도 계속 올라간다. 정상에서 30미터 전에는 로프가 내려와 있는데, 재석이 먼저 로프를 잡는다. 이어서 하하가 로프를 잡는 데 성공하고 재석이 1위로 정상에 올라와 탈진한다. 그 사이에 명수는 다시 올라가다 또 미끄러진다. 홍철이 겨우 로프를 잡고 하하가 2

등으로 정상에 올라온다. 홍철이 3등으로 올라오고 명수와 준하는 다시 도전하기 시작한다. 하지만 명수는 다시 미끄러진다. 길과 준히는 여전히 올라오고 있고, 명수는 네 번째 도전을 시작한다. 다들 파이팅을 외친다.

결국 보다 못한 재석이 로프의 끝부분으로 내려가기 시작하고, 간신히 올라온 명수는 어느새 로프의 끝부분으로 와서 뻗고 있는 재석의 다리를 잡는다. 큰 소리로 독려하는 재석. 뒤이어 준하도 재석을 잡는 데 성공한다. 이제 남은 건 길. 그러나 또 미끄러진다. 길의 아이젠이 문제다. 재석은 길의 발 사이즈를 물어보고 자신과 같음을 확인하고 자신의 아이젠을 길에게 던져준다. 길은 아이젠을 고쳐 신고 다시 도전한다.

이 와중에 명수의 예능 본능이 나온다. 조명이 재석에게만 몰리는 것을 우려, 자신도 내려가는데 재석은 "왜 내려왔어? 마음은 알겠지만" 하며 웃는다. 길은 계속 힘쓰고 있고 결국 로프 직전에 더 이상 올라갈 기력이 없다.

고민하는 재석. 여기서 놀라운 결단을 내리는데 아이젠을 쓰고 오겠다며 로프를 놓고 아래쪽으로 내려가는 것이다. 이내 다시 올라가는 재석. "길아~, 조금만 버텨~" 하고 초인적인 힘으로 뛰어 올라간다. 괜찮으니까 포기하지만 말라고 길을 독려한다.

다시 올라와 로프를 잡은 재석, 다리를 뻗어 잡으라 하고, 길은 먼저 올라가라 하면 재석은 왜 이렇게 사람 못 믿느냐며 화를 낸다.

일인자 유재석

결국 길은 로프를 잡고 위에서 로프를 잡아당기고, 결국 성공한다. 모두가 얼싸안고 기뻐하고 이때 자막은 "조금 늦어도 같이 가자"라고 뜬다.

팀을 위한 재석의 희생정신은 자주 보게 되는데, '봅슬레이 도전' 편에서도 빛을 발한다. 영화 〈쿨 러닝〉을 보고 반한 노홍철에 의해 장난처럼 시작된 봅슬레이 도전. 역시나 시작은 미미하였으나 창대한 끝을 향하여 달려간다.

내가 봅슬레이 편을 보면서 첫 번째로 놀란 건 유재석의 철저한 방송인다운 프로 정신이다. 시속 120킬로미터로 달려가는 중에 부러져버린 헬멧의 카메라를 손으로 잡아 화면에 담기게 한 것이다. 재석의 이런 철두철미함이 없었다면 그의 생생한 표정을 당연히 방송으로 보여주지 못하게 되는, 일종의 방송 사고가 날 뻔한 일이었을 것이다.

방송을 하다 보면 크고 작은 방송 사고를 경험하기 마련이다. 나도 여러 가지 유형의 사고를 경험했는데, 직접 겪은 것 한 가지와 전해 들은 것 한 가지를 소개한다.

MBC 〈찾아라! 맛있는 TV〉에서 강남에 있는 게 요리 맛집을 촬영했다. 소방차 정원관과 이경제 한의사가 하는 '기찬 요리'라는 코너였는데, 오프닝 촬영을 했다. 대본에는 몇 마디밖에 없었지만 두 사람은 신이 났는지 그날따라 대본에도 없는 얘기들을 많이 했다. 아직 음식을 맛보지도 않았는데 촬영을 그만해도 될 정도였다.

오프닝 촬영을 마치고 다음 촬영을 위해 이동하려고 하는데, 갑자기 카메라 감독의 얼굴이 사색이 되는 게 아닌가. 그 자리에 있었던 나는 뭔가 불안한 생각이 들었시만 '설마~' 하고 있었는데, 노련한 감독이었다. 바로 이실직고를 했다.

"어떡해~. 테이프를 깜빡 안 넣고 찍었네~. 죄송해요~~~."

헐!!! 정원관과 이경제 한의사와 스태프들은 일순 얼음이 되었다. 하지만 뭘 어쩌겠는가. 다시 촬영했다. 어쩔 수 없이 대본에 있는 만큼만.

다음 방송 사고는 한 제작사의 대표에게 직접 들은 얘기다. SBS의 심야 다큐멘터리를 납품하기로 되어 있던 날. 다소 작업이 늦어지긴 했지만 저녁에 종편(방송을 할 수 있게 최종 작업을 하는 걸 말한다)을 무사히 마쳤고, 조연출이 SBS로 향한 것을 확인했으니, 대표는 느긋하게 사무실에서 모니터를 할 예정이었다.

그런데 방송 두 시간 전쯤인가 SBS에서 연락이 왔다. 왜 테이프 납품을 안 하느냐고. 대표는 당연히 납품하러 간 지가 네 시간도 더 됐는데 왜 테이프가 안 들어왔느냐고 물었지만 사실이었다. 갑자기 모골이 송연해졌다. 납품하러 가다가 무슨 사고라도 난 게 아닌가 하고. 사무실이 뒤집어졌다.

그때 납품을 하러 갔다는 피디에게서 전화가 왔다. "야! 너 지금 어디야! 왜 납품 안 한 거야!!!" 하고 소리를 지를 수 없었기에 부드럽게 말했다. "OO야, 무슨 일 있니? 왜 납품을 아직 안 한 거니?"

**일인자
유재석**

피디는 말했다. "그때 그 카메라 사건, 기억하시죠?" 아하, 그래서 그랬구나. 몇 달 전, 그 피디가 산악 촬영을 했는데, 실수로 카메라를 떨어뜨려 박살을 냈다. 대표는 피디에게 버럭했고, 변상하라고 했는데, 그게 실수였던 것이다. 앙심을 품은 거다. 그 피디는 대표를 골탕 먹일 기회만 노려오다가 그날을 거사의 날로 잡은 것이다. 테이프를 인질로 삼고.

이제 불과 방송 한 시간 전. 대표는 일단 방송은 해야 했다. 자존심을 버렸다.

"OO야, 그땐 정말 미안했다. 화나면 버럭 하는 거 알잖아. 대신 뒤끝 없는 것도 잘 알잖아. 그래, 카메라 깨진 게 네 실수도 아니고…… 없었던 일로 할 테니까 어서 납품 좀 할래? 응? 부탁이다."

그 피디는 뭐라고 했을까.

"늦었습니다, 대표님. 저 강릉입니다."

이것이 테이프 인질 사건의 전모이고, 그 피디가 지금도 방송을 하고 있는지는 모르겠다.

이렇게 방송 사고라는 건 조금만 방심하면 언제 찾아올지 모르는데, 재석은 순간적인 몰입과 집중을 통해 방송 사고를 기어이 막아낸 것이다.

유재석에게 두 번째 놀란 건 가장 어려운 포지션을 자기가 하겠다고 했을 때였다. 전진이 부상을 당하고, 정형돈도 부상을 당한다. 여기에 노홍철은 스케줄 조정에 실패하여 결국 봅슬레이는 박명수, 정준하, 유재석이 타게 되었다. 부상으로 빠지게 된 전진은 3번이고 형돈은 4번이었기에, 누군가는 자신이 연습했던 자리에서 바꿔 봅슬레이를 타야 했다.

양보하고 희생하는 역할은 유재석이 맡게 된다. 그리고 많은 시청자들이 아시는 바와 같이 〈무한도전〉의 봅슬레이 도전은 감동을 안기며 대단원의 막을 내린다.

예능은 한 사람만의 힘으로는 절대 이끌어갈 수 없다. 모두가 튀려 하기 때문에 모든 사람이 균형과 협력을 해야 프로그램 전체가 빛이 난다. 균형과 협력을 위해서는 누군가의 희생과 배려가 있어야 하는데, 유재석은 그 역할을 언제든 기꺼이 하는 것이다.

사실 유재석이라는 개그맨은 마음만 먹으면 편하게 웃기면서 방송할 수 있다. 〈놀러와〉와 〈해피투게더〉처럼 스튜디오에 스타를 모셔놓고 고품격으로 유머를 구사하면서 방송해도 뭐라고 할 사람, 전혀 없다.

실제 대부분의 연예인들은 급이 올라갈수록, 인기가 많아질수록, 개런티가 높아질수록 편안하게 방송하고 싶어 한다. 인지상정이다. 신인 때는 30미터 거리에 있더라도 달려와서 허리를 90도로 숙이면서 큰 소리로 "안녕하십니까?" 하지만, 선배가 되어가면서 스타가 되어가면서 허리의 각도와 목소리의 데시벨은 적어지는 것이다. 점점 망가지지 않는 방향으로 가는 게 연예인 이전에 인간의 모습일 것이다.

**일인자
유재석**

    그런데 유재석은 거꾸로 가는 것이다. 망가지는 것을 주저하지 않고, 나아가 희생을 마다하지 않는다.

    근데 이렇게 써놓고 보니까, 마치 유재석은 비장하게 희생만 하는 것 같아 희극인이 아닌 비극인처럼 보인다.

    〈무한도전〉 조정 특집을 할 때 초기에 손발이 맞지 않아 힘들었을 때, 특히 모두가 지치고 쓰러졌을 때 비까지 내렸다. 장대같이 왔다. 재석이 가장 먼저 몸을 날린다. 빗속에서 뒹굴기 시작한다. 놀자는 거다. 비만 오면 아이들은 신나 뛰어논다. 광장의 분수대 사이를 뛰고 달리는 연령대는 많아야 초딩 1학년이다. 재석이 자신의 한 몸 바쳐 동심의 세계로 인도한다. 결국 모두가 어릴 적 비 올 때 놀았던 그 시절로 돌아가 한바탕 우천유흥의 장을 질펀하게 펼친다. 처음엔 지쳐 쓰러져 있던 멤버들이 재석의 머리와 팔 다리를 가지고 놀며 즐거워하고, 장난감이 되어 놀아준 재석이 일어나며 한마디 한다.

    "잘한다, 내 동생들 잘한다. 비 올 땐 이렇게 놀아야지."

    유재석은, 이런 사람이다.

제7장
게이머가 되길 바라

　　　　　　무엇을 하든 재미가 있으려면 그냥 하면 안 된다. 게임을 해야 한다. 두 사람이 마주 보고 공을 차더라도 그냥 주거니 받거니 하는 건 재미없다. '승부차기'라는 형식의 게임을 하면 긴장감이 조성된다. 둘 중에 한 사람이 벌칙을 받아야 한다면, 그냥 '네가 할래?' '그래' 하면 재미없다. '가위바위보'를 해야 누가 이길지 짜릿해진다.

　예능과 교양의 차이가 뭘까. 유재석이 나오는 프로그램과 손석희가 나오는 프로그램, 재미를 추구하는 프로그램과 교양을 추구하는 프로그램, 이건 조금은 이상한 것 같다. 개그맨이나 가수들이 나오는 프로그램과 교수님들이 나오는 프로그램, 여러 가지를 생각하게 만든다.

일인자
유재석

프로그램에는 내용과 형식이 있다. 교양 프로그램은 내용을 먼저 생각하고 형식을 생각하고, 예능 프로그램은 형식을 먼저 생각하고 나서 거기에 채울 내용을 생각한다. 예능은 포맷을 중요하게 생각한다. 틀을 중요하게 생각한다. 바로 게임이다.

'가위바위보'는 도대체 누가, 언제 만든 것일까. '홀짝'은? '오징어'라는 게임을 만든 사람도 한번 추적해보고 싶다. 스포츠 역시 거대한 게임이다. 여러 사람이 한 개의 공을 아무 생각 없이 차기만 했다면 그저 그랬겠지만, 축구장이라는 공간 안에서 22명이 11명씩 편을 짜고, 발이나 머리로만 공을 차서 상대편의 골대 안에 넣어야 1점을 획득하는 형식을 도입하니까, 오늘날 수십억이 밤잠을 못 자고 흥분하는, 지상 최대의 비즈니스가 된 것이다. 야구라는 형식, 농구라는 틀, 모두가 게임의 형식을 부여하면서 재미가 생긴 것이다. 심지어는 감동마저 낳았다.

이제 감 잡으셨을 것이다. 재미있는 사람이 되려면, 유재석처럼 즐길 줄 아는 사람이 되려면, 스스로 게이머가 되어야 한다. 무엇을 하든 그냥 하기보다는 게임의 방식으로 할 순 없을까, 틀을 만들 수는 없을까를 고민해야 한다.

유재석은 게이머다. 그것도 천재 게이머다. 무엇을 하든 게임의 형식을 도입하기 위해 애쓴다. 왜? 그래야 재미있기 때문이다. 함께하는 사람들이 조금이라도 즐겁기 때문이다.

특히 유재석은 프로그램을 진행하면서 순간적인 재치로 즉석에서 게임을 만들고 제안하는 경우가 적지 않다. 2012년 1월 12일 〈해피투게더〉에 엄태웅, 정려원, 유선, 박기웅이 나왔다. 문자를 잘못 보낸 경험에 대해 토크가 이어졌다.

려원   진짜 여자 분들은 (이런 남자를 좋아하는데) '나 오늘 완전히 피 토했어' 하면 '아, 오늘 힘들었구나' 하고 얘기해주시는 분이 있는가 하면, '피를 토해?' 이렇게 센스가 없는 건 싫어요. 문자를 딱 보냈는데 센스 있게 답을 해주는 남자한테 희열을 느껴요.

정려원의 말에 모두가 알아들었지만 약간 애매모호한 표정을 지었는데, 대부분의 진행자라면 '아하, 센스 있는 문자를 보내주는 남자를 좋아하시는군요' 하는 식으로 마무리를 했겠지만, 역시 유재석은 달랐다.

재석   아, 이거 이거 어떤 건지 참 궁금한데요, 예를 들면 어떤?
려원   자세히 기억은 안 나는데, 그거~ '……'의 의미를 읽는 남자!

다시 말해 자신이 보낸 문자의 '쩜쩜쩜'을 잘 해석하는 남자가 좋다는 거였다. 여기에서 유재석은 예정에 없던 게임을 제안하며 몸소 일어나 제작진에게 스케치북과 매직을 얻어온다(요즘 예능 프

**일인자
유재석**

로그램에서 제작진에게 가장 중요한 소품은 스케치북과 매직이다).

G4는 물론이고 박명수와 엄태웅, 박기웅 모두에게 스케치북을 나눠주고 즉석 게임을 선포한다. 이름하여 문자 회신 콘테스트! 상황극의 천재답게 정려원이 문자를 보내는 시간과 요일까지 물어본다.

려원 감성이 풍부할 때, 새벽 1시 37분이오.
재석 요일은요?
려원 화요일.

게임이 진정 재미가 있어지려면 참가자가 게임의 설정에 푹 빠지는 것이 필수 요건이다. 이제 려원이 문자를 보낸다(스케치북에 쓴다).

려원의 문자 잠도 안 오구 완전 심심해…… 뭐하니 넌.
재석 드디어 시제가 공개가 됐습니다. 백일장이에요!

려원이 보낸 문자에 남자들이 회신 문자를 적고 한 사람씩 공개를 시작하는데,

원효 나 결혼했어! 이 시간에 문자 보내지 마!

려원은 빵 터진다.

명수   와이프 잠들면 전화할게^^

역시 좌중을 뒤집어놓는다. 김준호는 사기 나름대로 구성을 했다면서 려원과 자기가 서로 문자를 주고받은 설정으로 발표하는데,

준호   어? 어떻게 보냈지?
려원   ???
준호   이 시간이면 너랑 꿈속에 있거든.

준호의 오버한 문자는 썰렁하게 만든다.

태웅   나두 나두 완전 심심해…….

재미가 있었는지 박명수가 후속 문자를 발표한다.

명수   안 되겠다, 와이프 안 잔다.

마찬가지로 큰 웃음을 준다.

이렇게 한바탕 재미있는 문자 콘테스트가 끝나고 정려원이 최고로 센스 있는 문자를 선정하는데 의외로 엄태웅의 문자를 고른

**일인자
유재석**

다. 이유는 '……'의 의미는 그냥 자신이 심심하다는 걸 얘기하는 것이었다는 것이다.

유재석은 내친 김에 유선에게도 문자를 보내라 하고 두 번째 문자 콘테스트를 하는데, 유선은 토요일 밤 9시 45분에 문자를 보내는 설정이다.

유선 밥 먹었어? 저녁에 뭐해?

모두가 재치 있는 문자로 웃음을 주는데 김준호는 이번에도 설정을 한 문자를 보낸다.

준호 지금 9시 40분인데, 세 시간 후 거기서 보자.

다들 왜 쓸데없이 설정을 하느냐고 뭐라고 하는데, 재석은 이 와중에도 게임을 제안한다.

재석 그럼, 장소를 써주세요! 텔레파시 퀴즈!

유선과 김준호가 생각하는 '거기'는 어디인지 알아보는 깨알 같은 게임인 것이다. 과연 두 사람의 대답은 어땠을까? 유선은 '우리 집 앞'이었고, 김준호는 '미사리'였다.

문자에 대한 토크가 그냥 흐르게 두지 않고 좀 더 재미있게 할 수는 없을까를 집요하게 생각하여 게임의 방식으로 승화시킨 것이다.

그런데 천재 게이머 유재석은 작정을 했는지 게임 끝판왕이 되기로 한다. 스케치북을 들고 있는 김에 각자 마음대로 누군가를 그려서 보여주는 '서로 그리기'라는 게임을 제안한다. 김준호는 신봉선을 그리고, 유재석도 신봉선을, 김원효는 정려원의 얼굴을 말도 안 되게 그리는 등 생각지 못한 그림을 그리는 게임도 한 것이다.

사실 유재석이 게임의 왕이 된 데는 이유가 있다. 〈스타 서바이벌 동거동락〉에서 보여준 '방석 퀴즈', '온몸으로 말해요'와 '비몽사몽 퀴즈'가 있고, 〈슈퍼TV 일요일은 즐거워〉에서 국민 게임이 된 '공포의 쿵쿵따'로 이미 온몸으로 단련된 상태다. SBS 〈일요일이 좋다〉의 'X맨' 역시 빼놓을 수 없고, 〈무한도전〉의 '퀴즈의 달인'에서는 '거꾸로 말해요 아하'라는 게임으로 〈무한도전〉을 반석 위에 올려놓는다.

'손병호 게임'. 2010년 5월 6일 방영된 〈해피투게더〉에서 세상에 공개된다. 과연 유재석이 없었다면 그렇게 큰 인기와 화제를 불러일으킬 수 있었을까. 예능 프로그램에 처음 출연해 쑥스러워하며 제안한 게임을 국민 게임으로 승화시키는 데 기여한 건 역시 유재석이다.

손병호도 "술자리를 합일하고 사람을 알아가는 데 게임만큼 좋은 게 없다. '손병호 게임'이 뜬 것도 운명인 거다. 그 당시 〈해피투

일인자
유재석

게더〉에 유재석이 있었다는 게 운명이고······"라고 한 것이다.

사실 요즘엔 사람들이 모여 있어도 각자 자기 휴대폰만 쳐다보기 바쁘다. 그런 점에서 사람끼리 부딪치면서 서로를 느낄 수 있는 건 게임만 한 것이 없다. 유재석처럼 웃기고 싶은가? 유재석처럼 즐겁게 놀고 싶은가? 그렇다면 게이머가 돼라!

3부

유재석처럼 웃겨라!
나도 유재석이 될 수 있다

　　　　　　　　　　지금까지 '재석, 예능의 정석'을 따라오면서 기본기를 다진 거라면, 이제는 실전이다. 어떻게 하면 생활하면서 나도 유재석처럼 재미있는 사람이 될 수 있을지 고민하는 분들에게 유용한 팁을 드리고자 한다. 어렵지 않다. 유재석이 하는 것처럼 따라 해보면 된다.

STEP 1 ★
수다가 최고야!

지금 이 책을 혹시 연예인이 읽고 있을지도 모르지만, 대부분의 독자는 비연예인이다. 방송에 나가서 웃길 수 있는 예능인이 아니다. 연기자는 더더욱 아니다. 그렇기에 몸 개그를 하는 것도 어차피 한계가 있다. 누군가를 웃기고자 할 때 대부분은 말로 웃겨야 하는 것이다. 물론 가끔은 몸 개그를 하는 것이 큰 도움은 되지만, 자주 하면 이상하게 생각할 수도 있으니 조심해야 한다.

유재석이 끊임없이 한 것이 한 가지 있다. 비가 오나 눈이 오나, 어렸을 때나 어른이 되었을 때나, 무명 때나 스타가 되고 나서도 쉬지 않고 했던 것, 유재석 예능의 기초-수다다.

그야말로 자리에 앉기만 하면 쉴 새 없이 떠들었다고 한다. 카페

**일인자
유재석**

를 가든, 차에 있든 때와 장소를 가리지 않고 오랜 시간 수다를 떨었다.

도대체 무슨 얘기를 하기에 이렇게 소위 '뽕'들을 매번 뽑는 걸까. 10년이 넘도록 매일 똑같은 얘기를 하는 데도 질리지 않는다고 한다. 여자들이 전화 통화를 한 시간은 보통이고 두 시간 가까이 하고 나서 "그래 얘, 그럼 자세한 얘기는 만나서 하자" 하는 거와 다를 바 없다.

그래서인가, 재석은 2011년 한 인터넷 커뮤니티에서 조사한 '아주머니들의 수다에 절대 밀릴 것 같지 않은 연예인' 1위에 당당히 뽑혔다. 역시 수다라면 〈무한도전〉이 저력이 있다. 2위는 노홍철이다.

유재석 수다의 단점을 굳이 얘기한다면, "내가 얘기할게. 내가 말할게"를 잘한다는 거다. 그만큼 자신감이 충만하다는 얘기인데 자칫 잘못하면 독선이 될 수도 있다.

이러한 모습은 〈무한도전〉에서 조정 특집을 했을 때, 비가 와서 김치 수제비를 만들어 먹는 상황에서 나타난다. 정중앙 정준하가 김치 수제비를 준비하는데, 많은 인원이 먹을 수 있는 수제비에 자신없어 하니까, 재석은 "내가 할게", "나를 믿어봐" 하며 양파를 잘라 넣고 라면 수프를 기어이 넣고야 만다.

기본적으로 남을 웃기기 위해서는 우선 말을 잘해야 한다. 말을 잘하기 위해서는 열심히 말하는 게 가장 좋다. 말은 하지 않고 계속 화술에 대한 책만 본다든가, 남이 말하는 것만 쳐다본다든가 하는 것에는 한계가 있다. 어차피 말을 해야 한다면 직접 말을 하는 게 가장 좋은 방법이다.

가족과 친구와 회사에 가면 동료나 선후배와 자꾸만 얘기를 하라. 수다를 떨라. 상대가 있으면 자연스럽게 말을 하면 되고, 혼자 있으면 혼자서라도 말을 하는 것이 좋다. 물론 누군가 보고 있는 게 확실한데 혼자서 말하는 건 조금은 위험할 수는 있다.

혼자 대화하는 게 영 이상하면 신문 기사를 읽거나 책을 읽어보는 것도 좋다. 신문 기사를 읽는다면 마치 자신이 뉴스 앵커가 된 것처럼 읽으면 도움이 된다. 개그맨 김구라가 이 방법을 실제로 오랫동안 하고 있다. 혼자서 운전을 하면서 라디오를 틀어놓고 따라 한다.

과묵한 남자가 미덕이란 말은 이제 쓰레기통에 넣어야 한다. 말을 잘하고 위트와 유머까지 겸비한 말하기를 소유한 남자를 좋아하지 않을 여자는 거의 없다. 개그맨들의 애인과 아내가 미인인 것이 증명을 하지 않는가. 참고로 나의 아내도 미인이다.

수다를 하는 것과 동시에, 모르는 사람들 앞에서도 연습을 하면 금상첨화일 것이다. 김제동의 스승이라고 불리는 개그맨 방우정 씨에게 누군가 이렇게 물었다.

"선생님, 남들 앞에서 얘기를 잘하려면 어떻게 해야 합니까?"

방우정 씨의 대답은 이랬다.

"경험, 경험, 경험을 많이 쌓는 수밖에는 없습니다."

일인자
유재석

다나카 이데아의 『말 잘하는 사람의 1%의 비밀』을 보면 남들 앞에서 말을 잘하기 위한 경험을 쌓는 방법을 얘기하고 있다. 무대 위에 올라가서 강의를 하라는 식의 일반인으로서는 실현하기 쉽지 않은 방법이 아니라, 생활 속에서 실천할 수 있는 세 가지 방법을 알려준다.

모르는 사람들 앞에서 이야기하는 것이 쉽지 않은 이유는 바라보는 시선을 두려워하기 때문이다. 남들의 시선에 아랑곳하지 않는 내성을 키워야 하는데, 극장을 이용하면 된다.

요즘 어디에서나 쉽게 갈 수 있는 멀티플렉스는 시설이 좋다. 객석의 경사도도 좋고, 맨 앞자리도 스크린에서 충분하게 떨어져 있다. 영화를 보러 들어가면 바로 자기 자리를 찾지 말고 맨 앞줄 가운데로 걸어 들어가 잠시 멈춰 객석을 바라보는 것이다. 그 순간 그대는 연사가 되고 앞에는 그대의 강연에 귀 기울여줄 관객이 앉아 있다. 어떤 관객이 왔는지 찬찬히 둘러보라. 그들의 시선을 느껴라. 물론 극장은 어둡기 때문에 실제 당신을 주목하는 사람은 거의 없다.

그렇기에 자신 있게 시도해보면 아주 효과적인 방법이라고 본다. 아예 조금 더 용기를 낸다면, 실제로 1분 내외의 얘기를 해보는 것도 좋다. 어차피 영화 시작하려면 멀었으니까 뭐라고 그럴 사람은 없을 것이다.

두 번째 방법은 한결 쉽다. 마찬가지로 남들의 시선에 익숙해지는 방법이다. 전철을 타고 가면서 맞은편에 앉아 있는 사람들을 자연스럽게 바라본다. 한 사람만 너무 오래 바라보면 오해받을 수 있으니 조심한다. 전철 안에서도 장사하는 분들처럼 얘기하는 것도 아주 좋은 방법이다. 실제 개그맨 지망생들이 사용하고 있기도 하다.

세 번째 방법은 처음 보는 사람에게 말을 거는 솔루션이다. 점심이 임박했을 때 식당가로 가면 실천해볼 수 있는 분들을 적지 않게 만날 수 있다. 여의도에는 확실하게 있다. 식당 전단지를 나눠주는 분들이다.

이분들은 말을 걸면 친절하게 대답해야 할 의무가 있다. 그러니 귀찮다고 지나가지 말고, 전단을 받으면 재빠르게 말을 건네라.

"이 집에서 어떤 음식이 제일 맛있어요?" "여기서 어떻게 가면 되죠?" "단체로 가면 어떤 서비스를 해주실 수 있죠?" 등 생각하기에 따라서 말을 건넬 수 있는 방법은 많다. 오해받지 않을 얘기 상대들이다. 적극 활용하라.

말을 속사포처럼 빠르게 할 수 있으면 한결 자신감이 생길 것이다. 좋은 샘플이 있다. 유재석이 〈해피투게더〉에서 코너를 소개할 때 속사포랩처럼 하는 얘기다. 틈날 때마다 연습하기 바란다.

꿩 먹고 알 먹고 도랑 치고 가재 잡고 누이 좋고 매부 좋고 님도 보고 뽕도 따고 마당 쓸다 돈도 줍는 일석이조의 시간, 스타들의 비밀을 속속들이 알아보고 생활에 필요한 생필품도 받아가는 〈해피투게더〉만의 알짜배기 코너, 스타퀴즈 세상에 이럴 수가~!

일인자
유재석

나는 지금도 그런 편이지만, 대학 시절에는 더더욱 말주변이 없는 편이었다. 그런 내가 강의실에 들어가 처음 보는 학생들 앞에서 5분 내외의 연설을 했다. 운동장에서 동그랗게 둘러싼 학생들을 보며 내 생각을 얘기했다. 전철 안에서 승객을 보면서 1분 남짓 외쳤다.

도대체 무슨 용기로 그렇게 할 수 있었을까. 절박했던 것 같다. 하고 싶은 얘기가 넘쳤던 것 같다. 무엇보다 진정성이 있었던 것 같다.

김정운 교수에 따르면 우리가 사는 이유는 이야기하기 위해서다. 수다는 여자들에게는 가장 훌륭한 존재 확인의 수단이다. 여자들은 수다를 하면서 행복을 느낀다.

그런데 남자들은 이야기하는 방법을 한 번도 교육받지 못했다. 결정적으로 한국 남자들의 문제는 이야깃거리가 없다는 거다. 여자들은 이야깃거리가 많다.

잘 늙는다는 건 자기 이야기가 풍부하다는 것이다. 이제 수다의 중요성은 알았으니 어떤 내용으로 이야기를 해야 하는지 유재석에게 알아보자.

STEP 2
나만의 스토리를 갖는 거야!

개그맨 박영진은 계속 입술이 말라가고 있다. 재석은 놓치지 않는다.

재석 녹화에 대한 부담감이 있죠.
영진 어제까지 에피소드 만들려고 밤까지 계속 돌아다녔어요.

그렇게 돌아다니면서 뭘 어떻게 하려고 했느냐, 묻는다.

영진 그냥 술 취한 척 시비 붙는 거죠.

말하고 남들을 웃기는 것이 직업인 개그맨들도 이야깃거리를

**일인자
유재석**

찾기 위해 피가 마른다. 유재석과 강호동이 함께 라디오에 출연한 적이 있다. 마찬가지로 에피소드를 만들어내기 위해 두 사람은 이곳저곳을 괜히 돌아다니곤 했다고 한다.

〈해피투게더〉 200회 특집에서도 에피소드에 대한 서로의 고충과 고민을 얘기한다. 정선희, 김태현, 김신영, 전현무 등 얘기하는 거라면 빠지지 않는 예능인들이지만 에피소드가 없어서 힘들었다는 얘기들을 주고받는다.

재석 저희끼리 그러죠. 자판기가 있었으면 좋겠다고. 입담 자판기. 피서지에서 생긴 일 1번 하는 식으로요.

김신영이 비만 클럽에 대한 이야기를 하면서 웃기고 있었고, 전현무는 불안한 기색으로 자신의 팔을 만지고 있다. 재석은 그걸 놓치지 않고 얘기한 것이다.

초보 예능 작가 시절, 개그맨들 주변에는 왜 이렇게 사건 사고가 끊이지 않는지 궁금했다. 이휘재가 와서 "형, 어제 어디를 갔었는데 말이야……" 하면서 있었던 일을 얘기하는데 어찌나 웃기고 재미있는 일이 많은지 웃으면서도 속으로는 궁금했다. 게다가 등장인물들을 흉내까지 내니 얼마나 더 재미있겠는가. 이문세도, 이홍렬도, 김국진도 만날 때마다 재미있는 이야기들을 쏟아내곤 했다.

처음에는 아무래도 얼굴이 알려진 사람들이니까 어디를 가더라도 이야기들이 생긴다고 생각했다. 그런데 아니었다. 물론 어느 정도는 유명인이기 때문에 일어나는 에피소드들도 있지만, 결정적인 것은 아니다.

얼마나 자신의 삶을 재미있게 들여다보는가에 달렸던 것이다. 같은 일을 보고도 누구한테는 그저 그런 일이, 어떤 사람한테는 신기하고도 놀라운 일이 되는 것이다. 결국 재미있는 에피소드를 찾아내는 것은 자기 자신한테 달린 것이다.

나만의 스토리, 나만의 에피소드를 가져야 한다. 웃긴 이야기를 메모할 필요는 없다. 그 시간에 자신이 경험한 것들을 잘 생각해보라. 오늘 일어난 일, 본 일; 들은 일을 생각해보라. 어제 있었던 일, 자신의 얘기가 아니면 들은 얘기 등 어떤 일이든 좋다. 남들에게 얘기할 수 있는 걸 찾아내는 게 중요하다.

여기서 중요한 건 에피소드는 어디 멀리 있거나 책에 있는 게 아니라는 거다. 자기 주변에 널려 있다. 가까운 사람 주변에도 많이 있다. 다만 그것을 발견하지 못하고 있을 뿐이다.

처음엔 한 개부터 시작하면 된다. 하나의 에피소드가 있으면 기승전결에 맞게 스토리를 짜서 가장 가까운 사람에게 얘기해보고 반응을 살핀다. 썰렁해도 사는 데 지장 없을 사람에게 실험해보는 게 좋다. 아마 가족이 가장 무난할 것이다. 그렇게 해서 반응이 없는 부분은 편집하고 반응이 좋은 부분을 좀 더 드라마틱하게 살린다.

**일인자
유재석**

    이야기는 하면 할수록 늘게 되어 있다. 신동엽은 이런 종류의 자기만의 에피소드 뭉치들이 수백 개가 있다고 한다. 장소와 모인 사람들에 따라 약간의 변형을 해서 이야기하면 뒤집어진다고 한다.
    박명수가 계속 음반을 내는 이유는, 깊은 어떤 이유가 있는지 모르겠지만, 내가 볼 때는 결국 자기만의 스토리를 갖기 위해서다. 쌍꺼풀 스토리로 초기에 많은 에피소드를 탄생시켰듯이, 앨범에서도 끊임없이 스토리가 나오는 것이다. 예를 들어 이런 스토리다.
    박명수는 중견 가수다. 가사를 까먹은 적이 한 번도 없다고 하는데, 립싱크라서 그렇다. 그런데 딱 한 번 있었다고 한다. 〈탈랄라〉를 라이브로 했는데, 가사가 기억이 안 나 마이크를 관객에게 넘겼다고 한다. 유재석은 이 사태를 두고 새로 나온 신곡을 부르면서 마이크를 넘기면 어떻게 하느냐며, 관객을 깜짝 놀라게 하면 안 된다고 얘기했단다.
    이휘재의 〈세이 굿바이〉 앨범 스토리와 이경규의 영화 〈복수혈전〉에서 파생되어 나오는 스토리는 20년의 생명력을 가지고 있다. 유재석처럼 말 잘하고 웃기려면, 자신만의 에피소드, 자신만의 스토리로 무장하라.

    팁 하나. 자신만의 스토리를 모은다면, 이왕이면 자신의 실수담을 모아라. 그대의 실수담이 차곡차곡 쌓이면, 성공에 가까워질 것이다.

STEP 3 ★

관찰, 막 관찰하는 거야!

유재석이 학창 시절에 가장 잘한 과목을 맞출 수 있다. 자연이다. 왜? 관찰력이 뛰어나니까. 유재석은 개그계의 파브르다. 유재석 개그를 한마디로 정의한다면 '관찰 개그'라고 할 수 있다.

유재석이 메인 MC를 처음 본 프로그램이라고 할 수 있는 MBC 〈스타 서바이벌 동거동락〉 첫 회에서도 그의 관찰력은 잘 드러난다. 처음 모인 출연자들이 어색함을 달래고 서로의 끼를 뽐내는 댄스 경연이 펼쳐진다. 브라이언이 혼자서는 못 추겠다고 하니까 박경림이 냉큼 나와 브라이언과 춤을 추는데, 브라이언이 섹시한 몸놀림을 하자 박경림이 반응을 하는데 재석이 중지시킨다.

| 일인자 유재석 | 재석 | 춤은 괜찮은데, 당신(박경림) 표정이 말이죠……, 너무 그동안의 한을 풀려는 듯한……. |

춤을 잘 못 출 것 같은 인상의 김채연이 나와 주저주저하다가 예상외로 서태지의 〈난 알아요〉 춤을 춘다. 역시 유재석은 날카롭게 얘기한다.

재석 아니, 자기 주먹으로 자기 턱은 왜 날립니까?

그리고 첫 회부터 MC인 재석은 자신도 열심히 춤을 추는 것으로 마무리한다.

함께하는 출연자들을 유심히 관찰하여 웃음의 소재로 활용하는 능력은 '공포의 쿵쿵따'에서도 빛을 발한다. 2002년 2월 21일 편에서 강호동, 유재석, 이휘재, 김한석이 사극 대감 패션으로 나왔다. 모두가 대감 모자를 쓰고 있고, 진지하며 나지막한 목소리로 강호동이 '공포의 쿵쿵따'의 문을 여는데,

재석 굉장히 웃긴 걸 제가 발견했잖아요.
휘재 인신공격하지 마세요.
재석 인신공격 아니에요.

되게 웃긴 게 뭐냐면요, 모자 맞죠? (호동의 모자를 빼앗아서 자기가 써보며) 지한테도 맞죠. (호동에게 다시 씌우면서) 강호동 씨 힌데도 맞죠. 제가 늘 말씀드리지민 강호동 씨 미리 크기는 지희하고 똑같아요. 얼굴이 커요!

다들 빵 터지고, 호동은 시작도 하기 전에 재석의 다리 가운데를 공격한다. 강호동의 머리를 지적하면 대부분 머리가 큰 것을 말하지만, 유재석의 남다른 관찰력은 미묘하게 다른 지점을 발견한 것이고 큰 웃음으로 연결시킨 것이다.

한두 명이 나오던 예능 프로그램이 여러 사람이 나와 집단적으로 진행되면서 출연자들은 자연스럽게 조금이라도 많이 나오기 위해 경쟁하게 되었다. 상대방의 말을 귀 기울여 듣거나 자세하게 들여다보는 것은 쉽지 않아졌다.

하지만 재미있는 상황을 만들어내는 것은 언제나 관계에서 나오므로, 자신은 잠시 접어두고 다른 사람의 말을 잘 듣고 행동을 관찰하면 좋은 토크 소재를 뽑아낼 수 있다. 기본적으로 자신이 할 말을 준비해야겠지만, 함께하는 사람들에 대해 관심을 갖고 미리 공부하고, 현장에 와서 관찰만 잘 해도 재미있는 토크와 상황이 나올 수 있다. 이 점에서 유재석은 탁월했다.

그는 같이 진행하는 MC, 고정 패널과 초대 손님, 심지어는 자신들을 바라보고 있는 제작진까지 함께하는 공간의 모든 사람과 사

일인자
유재석

물을 언제나 관찰한다. 출연자들이 던지는 코멘트와 동작과 표정, 헤어와 패션까지 그의 레이더에 포착되는 순간 좋은 소재로 탄생되어 프로그램의 질을 높인다.

이러한 관찰의 힘은 하루아침에 이루어지는 것은 당연히 아니다. 이틀이나 사흘 만에 되지도 않는다. 꽤 오랜 시간 동안 모든 대상에 관심을 갖고 들여다보고 관찰하고 특성을 파악하는 훈련을 하면서 서서히 내공이 갖춰졌을 것이다.

〈무한도전〉에서 서로의 역할을 바꿔보는 '체인지' 편에서 박명수의 역할을 한 유재석에 대해 박명수는 이렇게 말한다.

"정말 유재석 씨는 천재적이네요. 귀신이 돼서 내 모습을 보는 것 같아요."

그래서인가. 언제부턴가 박명수는 유재석을 관찰한다고 한다. 노홍철에게 돌아이를, 저질 댄스를 붙여주고, 정형돈에게 어색한 뚱보라는 캐릭터를 만들어주는 것을 두 눈으로 봤다며, 유재석을 열심히 관찰한다. 그의 관찰력과 순발력과 재치가 더해진 상황을 좀 더 보자.

〈해피투게더〉에서 심혜진 씨가 나왔을 때다.

재석   심혜진 씨는 얼굴로 날렸고 박미선 씨는 뭐로 날리셨어요?

순간, 박미선이 콧물을 훌쩍거렸는데, 재석은 이를 놓치지 않는다.

재석 콧물로 날리셨어요?

〈무한도전〉 '나름 가수다' 편의 중간점검 때 나름 MC로 선정된 가수 정재형이 등장했을 때 그의 황금색 신발을 가장 먼저 발견한 사람은 역시 유재석이다. 그 신발은 어찌 보면 럭셔리한 느낌의 신발이었지만, 유재석의 관찰력이라는 그물에 걸리는 순간, 웃음의 소재로 바뀌는 것이다.

동계올림픽 특집 편에서 스키 점프대 앞에 모인 〈무한도전〉 팀. 오프닝에서 각자 각국의 국가 대표로 소개해야 하는데, 미국 선수로 설정된 길이 쓴 모자를 벗기자 김이 살짝 났는데 재석은 놓치지 않았다. 그걸 포착해서 성화로 승화를 시킨다.

만나는 사람들을 유심히 관찰하면 웃음의 소재는 어렵지 않게 찾을 수 있다. 물론 관찰의 전제는 상대방에 대한 애정일 것이다.

유재석처럼 웃겨라!
나도 유재석이 될 수 있다

★ **STEP 4**

괜찮아! 따라 하는 거야!

유재석이 진행하는 모습을 잘 보면, 유난히 상대방이 했던 말이나 동작들을 따라 하는 걸 자주 볼 수 있다. 대개의 MC들에게서는 찾아보기 힘들다. 우선 어떤 방식으로 상대방의 말과 행동을 따라 하는지 예를 들어본다.

2009년 〈해피투게더〉에 오랜만에 원더걸스가 나왔다. '진실토크 그건 너'라는 서로에 대한 생각을 알아보는 시간이었는데 원더걸스에게 주어진 질문은 '첫인상이 안 좋은 사람은?'이었다.

유빈은 혜림을 찍었는데, 이유는 중간에 누가 들어오는 걸 안 좋아한다는 것이었다. 실제로 혜림은 중간에 투입된 멤버다. 자칫 분위기가 '싸아~'해질 수도 있는 상황이었고, 혜림은 알 수 없는 '뽁' 하는 표정을 지었다.

재석이 바로 그 순간, 혜림의 그 표정을 따라 하는데 그걸 본 멤버들과 패널들은 웃음을 터뜨린다. 예능감이 전혀 없다고 공공연히 말하는 소희노 그 표정을 따라 하게 만드는 마법을 발휘한다.

비슷한 시기에 출연한 〈승승장구〉에서는 중간에 멤버가 바뀌게 된 상황과 전 멤버에 대한 현 멤버의 추억을 묻는 장면이 많아 안 그래도 새로 들어온 혜림은 부담이 되고 어색한 느낌을 많이 보여주었다. 하지만 〈해피투게더〉의 진행자들은 그러한 혜림의 입장을 조금 더 살펴준다.

명수   저도 박미선 씨가 중간에 들어왔을 때, 불편해서 피디한테 전화를 할까 말까 했어요.

재석   신봉선 씨도 중간에 들어왔을 때 우리끼리 수군거렸죠, 눈빛이 이상하다고.

이렇게 상대방의 말이나 표정을 재치 있게 따라 하는 것은 깊게 공감하고 있음을 알려주어 상대방도 한결 마음이 편해지고, 함께 하는 사람들도 상대방을 배려하게 만드는 결과를 가져온다.

따라 한다는 것은 상대방이 했던 말과 행동을 다시 한 번 하는 것이기에 상대방을 재차 주목하게 한다. 특히 신인이 출연하는 경우 신인을 주목하게 만드는 강력한 힘을 발휘한다. 그래서 〈런닝

**일인자
유재석**

맨〉 초창기인 13회에 처음 출연했던 리지(애프터스쿨)도 유재석 선생님! 유재석 선생님! 하는 거다.

"〈런닝맨〉 나갔을 때 유재석 선생님은 게스트의 말과 동작을 반복해서 살려줘 기쁘게 해주세요."

리지　(앙증맞게) 오빠~

재석　'오빠'도 그냥 안 하네~ (따라 하는) 오빠~~

리지가 앙증맞게 '오빠~'를 말하면, 재석은 그걸 바로 따라 하면서 출연자는 물론, 시청자도 리지를 다시 한 번 보게 만든다.

얼마 지나지 않아 개그맨 장동민이 피곤했는지 하품하는 장면이 재석에게 포착된다. 다른 진행자 같았으면 그냥 지나가거나 "피곤하신가 봐요" 정도였을 텐데, 재석은 코믹하게 하품하는 장면을 재연한다. 동민은 바로 자기가 한 건 하품이 아니었다는 식으로 웃음의 소재가 증폭되는 효과를 낳는다.

코미디의 기본 테크닉은 '흉내 내기'다. 원맨쇼의 전설 백남봉, 남보원 등의 주 무기는 역시 흉내 내기다. 모방은 자연스럽게 웃음을 자아낸다. 개인기의 기본은 성대모사이고 모창인 것도 같은 이유다.

유재석은 늘 '저는 특별한 개인기도 없고 특출난 게 없어서요'라고 하지만, 그가 너무도 잘하는 건 상대방을 따라 하는 거고, 방금 그 자리에서 있었던 일에 대한 재연이기에 웃음의 강도도 큰 것이다. 따라 하게 한 원인을 제공한 사람과 따라 하는 사람 모두를 살리는 일석이조의 테크닉이다.

〈놀러와〉에 박준규와 장근석 등이 나왔다. 장근석이 진지하게 여자 친구 얘기를 한다. 전화가 3일 동안 안 됐는데 물어보니 고장이 났었다고 하더라, 통화 목록을 보니까 저장이 안 되어 있는 똑같은 모르는 번호가 수십 번 찍혀 있었다. 여자 친구가 화장실 갔을 때 통화를 눌러보니 웬 남자가 받더라는 내용이었다.

박준규가 그런 여자를 가만히 놔두느냐? 화장실 다녀왔을 때 '아 저리 가~ 아유 절루 가~ 가~ 가가~' 했어야 한다면서 오버를 하니까, 재석은 "무슨 잡상인 쫓는 것처럼 하세요~" 하면서 박준규의 말과 동작을 코믹하게 따라 하는 것으로 큰 웃음을 만들어낸다.

이렇게 따라 하기는 여러 가지로 효과가 좋은 웃음을 만들 수 있는 테크닉이다. 오늘부터 당장 실천해보기 바란다. 남의 말과 동작을 따라 하려면 유심히 관찰해야 한다. 관찰하기 위해서는 상대방에 대해 공감하고 애정이 있어야 한다. 결국 따라 하기는 사랑하는 방식이기도 하다.

STEP 5

리액션이 중요해!
액션~

2012년 5월 27일, 〈1박 2일〉에서는 추락하는 시청률을 만회하고자 특별한 대회를 열었다. 제1회 예능인 단합대회. 입소 선언문 낭독이 있었는데 김승우가 선창한다.

하나. 예능은 리액션이다. 우리는 어떠한 순간에도 최선을 다해 리액션을 한다.

하나. 예능은 체력이다.

하나. 예능은 긍정이다.

시즌 2에 들어 약간 주춤하지만, 〈1박 2일〉은 〈무한도전〉과 함께 대한민국 예능의 양대 산맥을 이룬다. 〈런닝맨〉과 함께 대한민국 예능의 삼국지를 형성하고 있는 막강 예능 프로그램이다. 그곳의 날고 긴다는 작가와 피디, 출연진이 함께 머리를 맞대고 만들었을 일종의 예능 선언문의 첫 번째 항목이 바로 '리액션'인 것이다.

약 3년 전, 과학자인 정재승 카이스트 교수가 유재석에 관한 도발적인 문제 제기를 한 적이 있다. '우리는 유재석에게 속고 있다.' 정재승 교수가 볼 때, 유재석이 하는 농담을 들어보면 그가 왜 개그맨으로서는 별 볼 일 없었는지 저절로 이해가 간다. 그런데 왜 예능 프로그램에서 독보적인 위치를 점하고 있는지 궁금하다는 것이다. 바로 그 비밀이 리액션이다.

유재석의 유머에 대해 쓰고 있는 이 글을 보면 외국의 학자라든가 유명인의 말을 인용한 것이 거의 없다. 딱 한 번 있긴 하다(맞혀 보라). 나도 인용할 수 있다는 걸 보여드린다는 뜻에서 이렇게 글을 이어볼까 한다.

정재승 교수에 의하면, 『웃음 : 그에 관한 과학적 탐구』의 저자인 메릴랜드대 심리학과 로버트 프로빈 교수가 메릴랜드대 캠퍼스에서 웃고 떠드는 사람들 1200명의 대화 내용을 분석해보니, 사람들이 대화 도중 웃는 상황에서 농담이나 재미있는 이야기 때문에 웃는 경우는 10~20%에 불과하며, 대부분 일상적인 대화를 나눌 때 많이 웃는다고 한다.

대화 상대에게 웃어주면서 호감을 표시하면 대화 자체가 즐거워 더욱 웃는 것이지, 농담을 주고받아야만 웃음이 넘치는 건 아니라는 얘기다.

일인자
유재석

밴더빌트대 심리학과 조-앤 바코로프스키 교수는 남녀 피험자들에게 다양한 웃음소리를 들려주면서 '가장 호감을 주는 웃음'을 조사하였다. 조용하고 가벼운 웃음소리에서부터 발을 구르고 뒤로 넘어가는 박장대소까지 다양한 웃음소리를 들려준 뒤, 이중에서 사귀고 싶은 사람의 웃음소리는 어떤 스타일이냐고 물어본 것이다.

그 결과, 노래하는 듯한 하이톤의 웃음소리에서 모든 사람이 큰 호감을 느꼈다고 한다. 유재석은 본인도 알고 있듯 하이톤의 웃음소리를 가지고 있다.

우리 뇌에는 남이 웃으면 따라 웃게 만드는 웃음 감지 영역이 측두엽 근처에 있어서 쉽게 따라 웃게 된다고 한다. 게다가 사람들은 일단 웃고 나면, 나중에 '그때 재미있어서 웃었다'고 스스로 해석하는 경향이 있으니, 우리 모두는 지금 유재석에게 속고 있는지도 모른다는 것이다.

결론은 유재석은 리액션이 매우 좋다는 것이다. 그리고 리액션은 웃음을 만들어내는 데 무척 중요한 테크닉이기도 하고, 기본인 것이다.

리액션은 우리말로 하면 맞장구다. 웃기는 데 자신이 없으면 맞장구라도 잘 쳐주면 기본 이상은 한다. 맞장구를 잘하면 얘기하는 사람은 더욱 신 날 것이고 맞장구의 강도는 더욱 세질 것이고 전반적으로 재미있는 분위기가 조성되는 것이다.

그런데 쉬울 것 같은 맞장구를 치기, 리액션을 잘하기는 생각보다 쉽지 않다. 〈해피투게더〉에서 오재미, 남희석, 김수용, 김숙이 나왔을 때 유재석은 늘 그렇듯이 최고의 리액션을 보여주지만, 박명수는 심기가 불편한 듯한 표정을 지으며 리액션을 보여주지 않고 있다. 물론 박명수의 캐릭터와 다른 사람들이 웃기는 것에 대한 삐침이라는 개인적인 설정이 있지만, 리액션이라는 게 쉽지 않은 것임을 잘 알 수 있다. 유재석은 박명수의 그런 모습을 웃음의 소재로 적극 활용하고 있음은 물론이다.

리액션은 기본적으로 유머를 받아들일 수 있는 마음의 자세가 되어 있어야 진심으로 나온다. 그렇지 않고 '얼마나 웃기나 보자'는 마음을 갖게 되면 상대방이 던지는 유머는 '머유?'가 되는 것이다.

마음이 열려 있어야 한다. 흔히 얘기하는 '야, 웃기지 마', '지금이 웃을 때야?' 이러면 아무리 웃기는 유머도 통하지 않는다. '웃기고 자빠졌네.' 왜 웃긴 다음에 넘어진다는 걸까. 웃음은 통하기만 하면 최고의 소통의 방식이지만, 그렇지 못하면 분통 터진다.

이상하게도 우리나라 사람들이 그런 면이 좀 있는 것 같다. 마술도 그렇다고 한다. 외국의 마술 관객들은 그냥 즐기는 데 비해, 우리나라 관객은 '어디서 속이는지 꼭 찾아내야지' 하면서 두 눈 부릅뜨고 노려보거나, 두 사람이 오면 "야, 넌 오른팔 봐, 난 왼팔 맡을게" 하면서 체계적인 감시를 하기도 한다. 황현희의 표현을 빌려보자. 도대체 왜 그러는 걸까요?

유머는 하는 사람보다 듣는 사람의 역할이 더욱 중요하다. 리액

유재석처럼 웃겨라!
나도 유재석이 될 수 있다

일인자 유재석

션의 정도와 성격에 따라 가해지는 유머의 질이 결정된다. 유재석은 바로 이걸 잘하는 것이다.

웃기기 대결은 있지만 울리기 대결은 없다. 노래는 듣고 또 들어도 지겹지 않고 새롭게 해석이 되곤 하지만, 유머는 한 번 듣게 되면 거의 생명력을 잃고 만다. 그래서 유머가 어려운 것이다.

그래서 웃긴 이야기를 얼마나 많이 알고 있는가가 중요한 게 아니라, 언제 어디서 누구와 있을 때도 마음이 훈훈해지고 기분 좋게 웃을 수 있는 마음과 자세가 있는가가 더욱 중요하다. 물론 여기에 연습을 통한 기술까지 겸비하면 바로 예능인이 되겠지만.

아는 피디가 일만 끝나면 바로 집으로 가는 것이었다. 그러던 사람이 아니었는데. 알고 보니 낚시하러 간다는 것이다. 웬 낚시인가 했더니 집 근처 PC방에서 낚시 게임을 한다는 거였고, 밤 10시에 대회에 나가야 한다는 거다.

도대체 무슨 낚시 게임이기에 푹 빠져 있나 싶어 구경을 해봤다. 고기를 낚을 때 손맛이라든가 아이템을 구입해서 자랑질을 하는 건 여타의 낚시 게임과 다를 게 없어 보였다.

그런데 딱 하나. 낚시터에서 게이머들이 귀여운 캐릭터로 돌아다니는데 서로 인사도 하고 대화를 나누는 것이었다. 상대방이 웃긴 얘기를 하면 'ㅋㅋㅋ' 치는데, 치는 순간 자신의 캐릭터는 온몸이 뒤집어지면서 깔깔대었다. 땅바닥에 구르고 난리도 아닌데, 그 모습이 참 귀여웠다. 낚시 게임 안에서도 리액션이 생명이었던 것이다.

　아무리 연습을 하고 웃긴 이야기를 외워도 도저히 살리지 못하겠다는 분 계시면, 이 분야, 리액션의 세계로 입문하라. 그 세계에 더욱 깊은 웃음이 있다고 확신한다.

★ **STEP 6**

말, 갖고 노는 거야!

이 세상 모든 장난 중에서 내가 가장 좋아하는 장난은 말장난이다. 이랴~ 이랴~ 말이 아닌 언어 말장난이다. 그런데 아쉽게도 점점 말장난을 즐겨하는 사람들을 찾아보기가 힘들어진다.

말장난을 하면 모든 사람이 하던 일을 멈춘다, 쳐다본다. 그런데 말장난은 묘한 중독성이 있다. 한 번 하면 이상한 사람이라는 표정 짓지만, 두 번 하고 세 번 하면 웃음이 나오기 시작한다. 포기의 웃음일 수도 있겠지만. 하지만 포기란 배추를 셀 때 쓰는 말이다. '용감한 녀석들'도 말하지 않는가, 포기 대신 죽기 살기로 하라고.

근데 용감한 녀석들, 중요한 걸 틀렸다. 신보라가 분명히 여자 아닌가. 어떻게 바뀌어야 하는지 짐작하실 거다. 이해는 한다.

내가 이렇게 그룹명에 민감한 것은 오래전 독수리 오형제의 잘못을 지적한 누군가의 글을 보고 감명 받은 것에 기인한다. '독수리 오형제'는 틀린 게 너무 많아 어디서부터 고쳐야 할지 모르겠나고 한다. 여자들도 있으니 우선 독수리 오남매가 되어야 한다. 더 심각한 게 있다. 독수리만 있는 게 아니다. 큰 형만 독수리지, 나머지는 콘도르, 백조, 제비, 부엉이다. 결론을 말하면 독수리 오형제는 '조류 오남매'가 되어야 하는 것이다.

〈일밤〉을 할 때 피디와 작가들은 말장난을 무척이나 아끼고 사랑하고 즐겼다. 회의를 하다가도 누군가 시제를 던지면 아이디어를 생각하기보다 말장난을 하는 데 더 신경을 쓰는 일이 다반사였다. 예를 들어 회의를 하는데 한 연예인이 모자를 쓰고 들어온다.

— 이야~ 모자 좋은데?
— 좀 모자라 보이지 않아요?
— 모자란 게(뭐 잘한 게) 있다고 웃는 거야?
— 우리 어머니랑 다니면 참 잘 어울리는 모자라고 했어요.

이쯤 되면 이제 회의는 뒷전이고 누구한테서 말장난이 끊기는가가 더 관심사가 된다. 머리가 핑핑 돌아가는 소리가 들린다.

— 예전에 농촌 가니까 모자라고 있더라고.

일인자
유재석

이렇게 '모자'로 놀다가 더 이상 갈 데가 없으면 거의 발악 수준으로 던지는 게 이런 유형이다.

— (생각에 잠긴 표정) 그나저나 고등학교 때 나 좋아했던 모자는 뭘 하고 지낼까? 걔 이름이 박모자였는데, 언니가 부자였고.
— (후다닥 종이에 '모' 자를 써서 보여주며) 이게 '모' 자가 맞는 거지?

이런 식이었다.

웃음을 학문으로 연구하는 그닥 웃기지 않는 개그맨 이윤석이 쓴 책 『웃음의 과학』을 보면 말장난을 유식한 말로 '동음이의어' 원리를 이용하는 언어유희라고 한다. 중요한 웃음을 유발하는 장치라는 거다. 예를 들면 이렇다.

넌 뜰 거야 (누렇게)
내가 밀어줄게 (절벽에서)

경규 국진이를 이해해줄 여성을 만나야 해.
윤석 여승이오?

유재석도 말장난을 즐겨한다.

김준호 내가 대전 차인표였어요.
재석 대전 차표 아닌가요?

많은 사람들이 하는 말장난을 가만히 들여다보면, 레벨이 있음을 알 수 있다. 먼저 단순히 연관이 된 다른 말만 할 뿐, 특별한 의미는 없는 레벨인 '평민'이 있다.

산토끼의 반대말은? ― 죽은 토끼
너 때문에 미치겠다. ― 그럼 난 파 칠게.

많은 경우 말장난 신공을 펼쳤을 때 분위기를 어색하게 하거나, TV 화면에 자막으로 '……'이 나오거나 새가 한 마리 날아가는 걸 말한다.
다음 단계인 '고수'는 그래도 말은 되는 경우다.
박명수와 하하가 달리기 시합을 앞두고 있는데, 박명수를 응원하는 사람이 아무도 없을 때

재석 참 형편없네요.

이제 '초고수'의 단계를 보자. 말장난을 하지만 뭔가 생각을 했다는 느낌을 준다.

**일인자
유재석**

박명수가 닭집을 할 때 유재석과 나눈 토크 중 한 부분이다.

명수   네, 저도 집안이 어려워서 공병을 몇 개 주웠어요. 그걸로 학용품도 사고 가사에 도움도 주고…….

재석   하루에 몇 개 주웠는데요?

명수   닥치는 대로 주웠어요.

재석   아~ 그때부터 닭하고는 떼려야 뗄 수 없는…….

재석의 재치 있는 말장난으로, 재미없는 방향으로 가던 박명수도 살리게 된 것이다. 이 교본을 놓고 좀 더 가치치기를 연습해볼 수도 있다. 재석의 닭과의 연관에 고마워하면서 이런 식으로 마무리를 하는 건 어떨까.

명수   그렇죠. 어쨌든 그렇게 공병을 주워서, 나중에 군대도 공병대 갔죠.

나도 얼마 전에 트위터를 통해 이 경지의 말장난 신공을 펼친 적이 있다. 그런데 소재가 다소 민감해서 그랬는지 나의 신공이 통하지 않았다. 민간인 불법사찰 사건이 터졌을 때였다. 트위터를 들어가 보니 누군가가 질문을 올린 게 아닌가.

'저기요, 선생님 불법사찰이 정확히 뭐예요?'

순간, 장난기가 발동해서 바로 글을 올렸다.

'불법사찰은 불교의 정신을 나누는 유서 깊은 절을 말합니다. 오래 전에 불타 없어졌다고 하는데 그게 아니라고 하네요.'

내 딴에는 풍자를 한답시고 말장난의 형식으로 던진 거였다. 나름 흡족해하고 있는데 잠시 후 이런 글이 올라오는 게 아닌가.

'불법사찰의 뜻을 많이 알려야 할 것 같습니다. 무슨 불교 절로 아는 분들이 계시네요.'

순간 이걸 또 답을 해야 하나 마나를 가지고 한참 고민한 적이 있다.

가장 초절정의 말장난 신공을 펼치는 '신'의 단계가 있다. 여간 해서는 나오지 않는데, 〈놀러와〉에서 유재석이 구사한 적이 있다. 〈라디오스타〉 진행자들이 나왔을 때인데, 합류한 지 얼마 안 되는 슈퍼주니어 규현에 대해 구라와 함께 말들이 오고 간다. 〈놀러와〉 MC가 〈라디오스타〉의 MC가 되니까 좀 어떤지 묻는다.

일인자
유재석

규현 게스트일 때는 편한데 라스에서는 MC니까 아무래도……(쉽지 않다는).

구라 그럼 게스트라고 생각해.

상대의 말을 그대로 돌려서 공격하는 김구라다운 말이다. 이런 상황에서는 당사자인 규현도 고수가 아니고서는 받아치기가 쉽지 않다. 주워 먹는 걸 낙으로 삼고 있는 윤종신도 딱히 주울 게 없었나 보다. 여기에 유재석이 한마디 날린다.

재석 절충하죠, 고정 게스트라고.

이 말이 높은 경지에 달했다고 할 수 있는 이유는, 양쪽 의견을 모아 한마디로 최적화된 조합을 했다는 것에서 더 나아가 재석의 성품까지 드러냈다는 점이다. 어느 쪽도 상처받지 않고 즐거워하는 쪽으로 마무리한 것이다.

사실 말장난하는 것을 폄하하는 경향도 있는데, 말이 시가 되느냐 그냥 단어의 나열이 되느냐는 '각운'을 얼마나 잘 맞추는가에 달려 있다. 랩도 마찬가지다.

말장난의 레벨을 나름대로 구분해봤는데, 개의치 말고 무조건 던지기 바란다. 계속 던지다 보면 웃기게 되는 것이다. 야구도 3할

이면 대단한 타자라고 하는데, 10번 던져 3번 웃기면 되는 것 아닐까.

사족. 앞에 얘기한 정재승 교수는 글을 잘 쓰는 대중적인 과학자다. 최근에는 '프로야구에서 4할 타자는 왜 더 이상 나오지 않을까?'라는 주제로 연구를 했다. 웃음 쪽에 기발한 연구를 하시면 재미있지 않을까.

★ **STEP 7**

인생은 타이밍,
예능도 타이밍이야!

같은 말을 던졌는데 어떤 때는 웃기고, 어떤 때는 웃기지 않는다. 타이밍이 잘못된 것이다. 앞서 예능의 수칙에서 가장 중요한 게 리액션이라 했다. 리액션은 대화를 하는 전체적인 분위기에서 볼 때 무척 중요하다. 또한 상대방이 유머를 던졌을 때 수비하는 입장에서 해야 하는 수비의 기술이기도 하다.

그런 점에서 타이밍은 공격을 할 때 무척이나 중요한 수칙이다. 물론 수비를 잘하는 것도 리액션이 중요하지만, 편의상 구분하자면 리액션은 수비용, 타이밍은 공격용이라고 할 수 있다.

유재석도 말하고 있다. 개그의 생명은 타이밍이라고. 아무리 웃긴 말도 타이밍을 놓치면 말짱 도루묵이다. 타이밍이 어려운 게 너무 앞서도 안 되고 뒤처져도 안 되기 때문이다. 딱, 적당해야 한다.

딱, 그 틈을 파고 들어가야 한다. 뭐라 설명할 방법이 없네~.

방송작가라고 하면 가장 많이 받는 질문 2위는 "그 사람 말한 거, 대본에 있는 거야? 알아서 말한 거야?"이다.

나는 이렇게 대답한다.

"대본에 기본적인 얼개나 구조, 꼭 했으면 하는 기본적인 대사들은 써놓지. 근데 현장에서 그대로 될 리가 없거든. 그러니까 잘하는 연예인이라는 건 대본에 자기만의 플러스알파를 얼마나 잘 붙이느냐에 따라 잘하고 못하고가 달려 있다고 보면 돼."

대본에 쓰여 있는 대사들은 살아 숨 쉬지 않는 말들이다. 이 언어들이 팔딱팔딱 살아나려면 타이밍과 만나야 한다. 그것도 딱 좋은 타이밍이라는 놈과.

〈해피투게더〉에 배우 김민준과 조여정, 김동욱이 나왔다. 김동욱이 말한다. 도대체 언제 끼어들어야 할지 타이밍을 못 잡겠다고. 사람들이 대화할 때 타이밍을 잡는 건 무척이나 쉽지 않은 일이다. 천하의 2인자 박명수조차 적절할 때 끼어들지를 못해 한숨만 푹푹 내쉬고, 벌레 씹은 표정을 할 때가 어디 한두 번인가. 그러니 김동욱도 실망할 필요는 없다.

그냥 편하게 얘기하면 되는 것이다. 그나저나 배우 김민준 씨가 혹시 이 책을 보면 나한테 연락 한 번 주시면 고맙겠다. 말장난에 조예가 깊은 걸로 알고 있으니, 언제 한번 직접 만나 진검승부를 겨뤄봤으면 한다.

**일인자
유재석**

〈해피투게더〉에 개콘의 '발레리노' 팀이 나왔을 때도 타이밍에 대한 얘기가 나온다. 특히 후배 개그맨 이승윤의 눈이 충혈된 것을 재석은 간파하고 후배를 위로해준다.

재석   어젯밤 한숨도 못 잔 거 아니냐.

승윤   (그렇다.)

재석   나도 신인 시절에 게스트 출연이 정해지면 녹화 전날에는 긴장감에 한숨 못 자고, 나가서는 타이밍 놓쳐 못 웃기고 돌아오고 무척 속상해하면서도 잠은 또 잘 온다.

〈개그콘서트〉 같은 짜인 콩트만 하던 개그맨들이 예능에 나오면 적응하지 못하고 헤매는 이유가 약속이 칼같이 정해져 있는 콩트와는 전혀 다르기 때문이다. 대본이 있어도 대본대로 가지 않는 게 예능인 것이다.

그렇다면 타이밍을 잘 잡으려면 어떻게 해야 할까? 유재석은 왜 그렇게 타이밍도 잘 잡는 걸까. 천부적인 개그의 소양이 있는 사람들을 제외하고는 경험을 쌓는 것밖에는 딱히 방법이 없다. 재석은 여기에 나름대로의 방법을 개발해서 오랫동안 연습을 했다고 한다. 어떻게 말을 순발력 있고 재치 있게 하게 되었느냐는 질문에 이렇게 얘기한다.

"특별한 비법은 없고, 그저 많은 프로그램을 녹화하고 모니터한다. 어떤 질문에 대해 게스트가 무슨 대답을 할까를 자꾸 생각하다 보니 어떤 타이밍에서는 어떤 이야기가 가장 재미있을까 체득하게 됐다."

물론 경험만 쌓으면 된다는 생각으로 아무런 준비도 없이 지내면 안 된다. 최양락의 책 『두말할 필요 없이 인생은 유머러스』에 이런 얘기가 나온다.

"애드리브는 순식간에 튀어나오기 때문에 미리 준비할 수 없다고 생각하면 오산이다. 준비하고 있다가 평소에 생각하고 있던 바를 순발력 있게 말하는 것이 바로 애드리브다. 최고의 진행자로 뽑히는 유재석은 출연자들의 이야기를 잘 받아주기로 유명하다. 그는 출연자가 어떤 이야기를 하든지 상대방의 말을 잘 받아 재미있는 말을 하는데 그건 출연자의 신상을 잘 알고 있기 때문이다. 사람들이 어떤 것에 관심을 보이는지 미리 파악해야 한다. 말하는 사람과 듣는 사람의 끈끈한 무엇이 형성되어야 적절한 애드리브도 나올 수 있다. 그러려면 사람들이 도대체 어떤 일에 관심을 가지는지 알아야 한다. 청중의 관심이 어디에 있는지 파악하면 이야기를 풀어나가기 훨씬 쉽다."

오랜만에 동창회에 나간다고 하자. 인터넷을 뒤져 거의 모를 것 같은 괜찮은 웃긴 얘기도 준비했다. 술잔을 주거니 받거니 여기저기 웃음꽃이 피고 지고, 근데 그대는 별로 웃기지 않는다. 귀에 잘 들

일인자
유재석

어오지도 않는다. 그대가 준비한 얘기를 언제 던지는 게 가장 좋을지 분위기만 보고 있기 때문이다. 누군가 다리라도 놓아주면 좋으련만, 다들 자기 얘기 하느라 정신이 없다. 1차로 삼겹살 구워 먹을 때 놓치고 2차 호프집으로 옮겨서도 계속 호시탐탐 기회만 엿본다.

이러면 안 된다. 웃긴 얘기를 준비하는 것은 좋다. 하지만 연연하지는 마라. 또 기회를 노리면서 마치 출격 대기병처럼 굴 것도 없다. 좋은 만남을 즐기지도, 맛있게 먹지도, 기분 좋게 취하지도 못하고 괜히 기분만 상한다. 친구들의 얘기만 들어라. 친구의 표정과 몸짓에 집중하라.

그대가 던져야 할 이야기는 친구의 얘기에, 친구의 표정과 몸짓에 널려 있다. 괜히 준비하지 말고 친구와 얘기하며 발견하고 바로 낚아채서 얘기하라. 낚시에 손맛이 있다고? 말맛을 느껴보시라. 짜릿하다.

STEP 8 ★

캐릭터만 있으면 돼!

난 85학번이다. 대학을 들어간 지 벌써 25년이 넘었고 졸업한 지도 20년이 넘었다. 깨알 같던 그 시절이 도대체 어디로 사라진 건지, 한바탕 꿈이 아닌가 생각할 때가 있다.

3년 전쯤 막 겨울이 되려고 할 때였다. 국문과 동기 송년회를 한다는 거다. 서로가 바쁘게 살다가 이제는 좀 심심했는지, 고등학교 선생님을 하는 친구가 주동을 해서 연락들을 했다.

국문과 정원은 48명이고 그중 여자가 8명이다. 물론 계속 연락을 하고 만남을 가져오는 나름대로의 패거리는 있었지만, 전체가 한자리에 모이는 건 처음이었다. 흠…… 48명 중에 한 친구는 죽었으니까 47명이네. 나이와 비슷하군. 과연 몇 명이나 올까? 누가 올까? 가만 생각해보니 졸업 앨범을 찾아보지 않고서는 얼굴과 이름

유재석처럼 웃겨라!
나도 유재석이 될 수 있다

일인자
유재석

이 정확하게 연결되는 친구가 많지 않았다. 얼굴은 기억나는데, 이름이 생각나지 않았다. 절반 오면 무지 많이 오는 거겠지.

12월 셋째 주 금요일 저녁, 학교 후문의 한 삼겹살집이었다. 학교에 들어가 볼 것도 아닌데 왜 굳이 먼 학교에서 모이나 하는 불평이 있었지만, 20년 만에 그리운 얼굴들 본다는 생각에 갔다. 왕십리역에 도착해서 목적지를 향해 다가갔다. 변하긴 했지만 그렇게 변하지도 않은 골목길이었다. 주인공은 늦게 나타나야 환호를 받는다는 유치한 생각에 37분 정도 늦게 갔다. 헐. 몇 명이 왔는지 말씀드리겠다. 36명이 왔다. 나이들 먹고 다들 외로웠나 보다는 말 외에는 설명할 방법이 없다.

이름이 생각 안 나는 친구도 몇 명 있었지만 당연히 반갑게 웃으며 악수했다. 희한하게 여자들은 다 생각났다. 나야 작가계의 '초동안'이니까 그렇다 치고, 거의 늙지 않았다. 지나가는 사람들이 보면 아저씨 아줌마들의 모임이라고 생각하겠지만. 그날 우리는 20여 년 전으로 돌아가 나라도 걱정하고 진로도 걱정했다. 아이들 걱정이 더해지긴 했지만.

근데, 이 얘기 왜 꺼냈더라……? 죄송하다. 동기들 모였던 것 생각하다 보니까 길을 또 잃었다. 유난히 기억이 잘 나는 친구들이 몇 명 있었다. 화염병 제조를 잘했던 화학인, 벽돌을 잘 날랐던 여자 동기 행주대첩, 노래할 때면 음이탈했던 삑사리, 이름이 문화창이라 화창했던 아이…… 별명이 있었던 친구들, 캐릭터가 확실했던 친구들이었다. 한 명 더 있다. 이름에 '괴'자가 들어갔던 괴물이. 이렇게 캐릭터의 힘은 강하고 생명력이 길다.

지금의 〈무한도전〉이야 캐릭터들이 확실하게 잡혀 있기에 뭘 해도 스토리가 나오지만, 초창기만 해도 그렇지 않았다. 과거의 비슷한 콘셉트였던 '천하제일 외인구단', '유재석과 감개무량'이 오래갈 수 없었던 커다란 이유도 캐릭터가 없었기 때문이다.

유재석이 나름 스타의 반열에 올라서고 다시 심기일전하여 시작한 2005년의 〈무모한 도전〉도 시작은 미미했다. 1회를 보면 각 인물을 소개할 때 그래도 수식을 하긴 했다. 유반장 유재석, 잔머리 표영호, 힘 정형돈, 수다박사 노홍철, 댄서리 이정. 이중 제일 웃긴 게 '힘' 정형돈이다. 그래서 정형돈 혼자와 세 명이 줄다리기를 하기도 한다.

하지만 6개월 정도를 〈무모한 도전〉을 하고 멤버를 교체하여 〈무리한 도전〉을 하며 캐릭터를 만들어보려고 했지만 쉽지 않았다. 그래서 진로를 바꿔 실내로 들어와 퀴즈 등을 하면서 캐릭터를 만드는 데 집중했던 것이다.

그렇게 해서 결국 매사에 욕심 많고 버럭 대던 박명수에겐 악마라는 캐릭터를 씌어줌으로써 사람들이 악마 명수에 열광하게 만들었고, 정준하는 동네 바보 형으로, 하하는 똑똑한 막내로, 정형돈은 웃기지 않는 개그맨, 그 상황을 그대로 살려 어색한 뚱보로, 노홍철은 사기꾼, 돌+아이 캐릭터를 만들어내면서 〈무한도전〉이 자리가

일인자
유재석

잡히기 시작한 것이다.

사실 노홍철의 '사기꾼' 캐릭터는 〈해피투게더-프렌즈〉에 노홍철이 출연했을 때 초등학교 동창들이 홍철에 대해 말하는 걸 듣고 저장해두었다가 〈무한도전〉에서 발전시켰다고 한다.

노홍철에 따르면, 재석은 방송이 끝나도 출연자들과 마치 방송하듯 놀기 때문에 평소의 성격이나 습관, 행동들을 파악한다고 한다. 그래서 캐릭터를 잡아나가기 수월했던 것이다.

그 후 〈패밀리가 떴다〉나 〈런닝맨〉에서 적절하게 캐릭터를 부각시키는 유재석의 힘은 놀라웠다.

유재석은 도대체 왜 이렇게 캐릭터를 잘 만드는 걸까. 그 자신은 이렇게 말한 적이 있다.

"나는 캐릭터도 없고 개인기도 없다. 근데 다른 사람의 캐릭터는 잘 잡아준다. 그냥 보이는 거다. 또 그걸 알려주는 게 나의 일이 아닌가, 하는 생각을 한다. 게스트를 어떻게 소개를 시켜줄 것인가를 늘 생각한다."

영원히 유재석 주변을 돌며 관찰하는 박명수도 돌아이, 저질 댄스, 어색한 뚱보를 진짜 만들어주는 모습을 자기가 봤다며 놀라워한다. 캐릭터가 변변치 않았던 〈무모한 도전〉을 함께 시작했던 표영호도 유재석은 남들의 특징을 자꾸만 보려 하고 뭐라도 이름을 지어 부르려고 했다고 얘기한다.

혹시 주변에서 자신의 존재감이 미미하다고 느끼는 분이 계시다면, 미친 척하고 자신을 얘기할 때 'OOO 누구누구입니다'라고 얘기하는 버릇을 들여라. 예를 들어 "안녕하세요? 훈남 OOO입니다." 혹은 "처음 뵙겠습니다. 남들이 저를 보고 아이유래요. 한숨 쉬면서 '아이유~'라고요."

그러면 아마도 사람들은 당신을 다시 보게 될 것이다. 물론 스스로 캐릭터를 붙이는 것이 못내 쑥스러운 분들은 다른 사람의 특징을 잡아 캐릭터를 잡아주면 된다. 어쩌면 그렇게 하는 것이 더욱 당신을 돋보이게 할 확률이 많다. 왜? 유재석도 그랬으니까.

★ **BONUS STEP**

강호동 성공의 비밀

유재석에 대해서만 적으려니까, 강호동이 섭섭해할 것 같아, 보너스로 강호동의 성공 비밀을 살짝 말씀드리겠다. 강호동은 나와 같은 1993년도 MBC 예능국에서 개그맨으로 시작해서 모두가 다 아는 거물 스타가 되었다.

천하장사로 세상을 평정하고 개그맨으로 변신하여 오래지 않아 대한민국 예능계를 초토화시킨 사람! 난 스타를 보는 눈이 없다는 걸 강호동을 보면서도 절감한다.

당시 "행님아~"를 외치면서 뒤뚱뒤뚱 뛰어다닐 때, 난 거기까지이려니 했다. 강호동을 다시 보게 된 건 그로부터 한참이 지나서였다. 〈무릎팍도사〉. 〈무릎팍도사〉에서 스타와 명사들을 쥐락펴락하는 걸 보면서 강호동에 대한 나의 무지함을 다시 한 번 느꼈다. 너무도 대단한 강호동이었다.

 궁금했다. 도대체 상호동이 잘하는 비결은 뭘까. 어쩜 그렇게 강호동은 빠른 시간 안에 성공할 수 있었을까. 간절히 생각해서인가. 강호동의 성공 비밀을 우연히 한 코미디 작가에게 들을 수 있었다. 놀라웠다. 강호동에게 그런 비밀이 있었을 줄이야.

 그림이었다. 비주얼이었다. 상상이었다. 강호동은 매일 그림을 그렸다고 한다. 몇 년 후의 자신의 모습을. 기억하는 분 계실지 모르겠다. 천하장사 이만기를 눕혔을 때 강호동은 생각만큼 기뻐하지 않았다는 것을. 자신이 이긴 것이 당연하다는 표정이었다는 것을.

 강호동은 씨름을 하면서 매일 이만기를 쓰러뜨리는 그림을 그리고 상상해왔다고 한다. 수십 번, 아니 수백 번, 수천 번의 그림을 그리고 생생하게 상상했다고 하니, 이만기를 쓰러뜨린 자신의 모습은 익숙한 그림이었다는 얘기다. 그러니 그저 담담할 수밖에.

 엄혹한 코미디언의 세계로 넘어온 강호동, 이번엔 다른 그림을 그렸다. 자신이 연말 예능대상에서 대상을 받는 모습을. 그가 그린 그림을 실제로 현실에서 구현하기까지, 그리 오랜 시간이 걸리지 않았다.

 상을 받은 후에 그가 그렸던 그림은 과연 뭐였을까. 무릎이 닿기도 전에 모든 걸 꿰뚫어 보고 있는, 양볼에 연지곤지 바른 남자를 그렸을까. 지금 그가 그리고 있는 건 도대체 어떤 그림일까. 보여달라고 하고 싶다.

4부

유재석, 인터뷰의 재구성

　　　　　유재석은 인터뷰를 거의 하지 않기로 유명하다. 2000년 이후로는 다른 프로그램에 게스트로 출연한 적도 손가락에 꼽고, 활자 매체 인터뷰 역시 손에 꼽을 정도다.
　　2011년 8월 27일 〈PD 저널〉 기사에 따르면 "유재석의 성격상 누구는 인터뷰하고 누구는 안 해주게 되는 상황을 싫어한다"는 것이다. 인터뷰 대신 방송을 통해 자기 모습을 보여주겠다는 것이다. 아마도 섭섭해하는 기자들이 무척 많을 것이다. 나 역시 대면 인터뷰를 시도했지만 여의치 않았다.
　　하지만 책을 쓰기 위해 자료를 조사하면서 그동안 산발적으로 진행되었던 인터뷰들을 보면서 유재석이 한 주옥같은 말을 모아모아 소개하는 것도 의미가 있겠다는 생각을 했다. 내가 아무리 글을 쓰고 해석을 하더라도 주인공이 직접 하는 '워딩'에는 못 미치기 때문이다.

이름하여 '유재석, 인터뷰의 재구성'이다. 이 단락은 내가 알고 있는 실제 유재석 인터뷰의 질문과 대답을 약간만 편집했다.

인터뷰어

『중앙일보』	정현목 기자	2005년 10월 18일
『일요신문』	조성아 기자	2005년 10월 30일
〈매거진T〉	강명석 대중문화평론가	2006년 5월 29일
『GQ』	조경아 에디터	2007년 12월호
『코스모폴리탄』	류성희 에디터	2008년 1월호
〈이데일리〉	김은구 기자	2011년 7월 14일

무명 시절이 길었는데?

막상 방송을 해보니 내가 생각했던 거와는 너무 달랐어요. 주변에서 재미있다는 소릴 많이 들어서 자신만만했었죠. 그런데 정말 '날고 긴다는 이'들이 모두 방송국에 모이더라고요. 제가 앞에 있는 몇 분을 웃길 수는 있지만 TV를 보는 대중들을 웃긴다는 건 정말 어려운 현실이었어요. 매일 NG 나고 편집당하고 그랬습니다. 그러다 보니 처음 내게 기대를 가졌던 감독님들도 점점 날 안 찾더라고요. 한땐 개그맨을 그만두려고도 했어요. 내 길이 아닌가 싶었죠.

일인자
유재석

그런 고민이 결국 지금의 유재석을 만들었잖아요. 어떤 면이 지금의 국민 MC를 만든 걸까요?

아이고, 그냥 너무 감사할 뿐이죠. 제가 예전에 시상식에서 귀를 파면서 나온 얘길 〈무한도전〉에서도 했지만, 옛날에 저는요, 제가 세상에서 제일 웃긴 사람인 줄 알았어요. 어린 시절부터 개그맨을 꿈꾸며 오락부장을 하면서 학교 내에서 꽤 웃기는 애였으니까, 방송국에 들어오는 순간 제가 방송국을 완전히 바꿔놓을 줄 알았어요. 그렇게 제 자신의 능력에 대해 착각했던 시절이 있었어요. 그러다 9년이라는 무명 시절을 보냈죠.

그때 전 매사에 남 탓만 했어요. 저 개그맨보다 내가 훨씬 웃긴데 왜 날 안 써줄까, 왜 PD 선생님은 날 몰라줄까, 그랬어요. 노력도 안 하면서. 근데 그때는 제가 노력을 안 하고 있는 줄조차도 몰랐어요. 그러다 어느 순간, 그 당시 노력을 하고 있었다고 생각한 게 착각이었다는 걸 알게 됐어요. 그걸 깨닫는 순간부터 일이 잘 되기 시작했어요.

어떤 노력인가요?

순간순간에 최선을 다하면 돼요. 집중을 하면 돼요. 팀에 홈런 타자가 9명이 있다고 우승할 거 같지만 그렇지 않아요. 9번 타자가 9번 타자 역할을 해주고, 외야수가 외야수 역할을 해주고, 각자의 포지션에서 최선을 다하면서 화합이 돼야 팀이 최강의 전력이 되거든요. 지는 이제야 그걸 느꼈어요.

진행하는 프로그램을 보면 놀이판에서 신나게 논다는 개념을 좋아하는 것 같아요.

일부러 그러는 건 아니지만, 다른 분들에 비해 말의 재치가 떨어지다 보니 그나마 장점이 잘 노는 거니까 그 점이 부각되는 거 같아요.

원래 같이 우르르 노는 걸 좋아하셨나요?

예, 그렇죠. 어릴 적부터 오징어, 야구, 짬뽕 그런 거 많이 했죠.

〈무한도전〉 같은 놀이의 콘셉트를 고집하는 이유가 있나요?

왜 방송사를 옮겨 다니며 저 콘셉트를 하느냐, 아이템이 없어서 그런 거 아니냐는 소리도 많이 들었어요. 개인적으로는 〈무한도전〉은 '고집'이라기보다는 '자아실현'이에요. 자라오면서 받았던 콤플렉스들, 설움들을 모아서 표출해보고 싶었어요. 설문조사도 '키스를 부르는 입술'이 누구인가, 이런 것도 뽑고 '테리우스'도 뽑고……. 누구나 마음속으론 자신도 테리우스이길 바라지만, 잘못 이야기하면 재수 없다는 소리나 들을 게 뻔하잖아요. 그래서 이 기회를 통해 마음속에만 간직했던, 평생 간직해야 할지도 몰랐던 소망들을 하나씩 꺼내놓고 있죠.

일인자
유재석

당시 상황은 좀 어땠나요?

제가 추구하는 게 성장 버라이어티인지, 뭔지 잘 몰라요. 그냥 그게 재미있으니까요. 〈무도〉 처음 할 때도 상황이 그랬어요. 〈엑스맨〉, 〈연애편지〉 등 멋진 분들이 나오는 버라이어티가 많을 때였죠. 게다가 저 같은 경우는 〈동거동락〉 이후 〈엑스맨〉을 하고 있었기 때문에 그런 비슷한 형식의 프로그램을 하긴 힘들었죠. 그래서 제작진에서 얘기가 또 나왔죠. 뭘 하면 좋겠냐고.

진짜, 진짜로 이걸 하라는 얘긴 아니다, 나한테 물어보니까 그냥 하는 얘기다. 그러면서 제작진에게 얘기했죠. 동시간대 KBS에서는 〈스펀지〉가 꾸준하게 잘 나오고 있었고, SBS에는 호동이 형의 〈연애편지〉가 상종가인데 그런 상황에서 잃을 게 뭐가 있냐고. 도전해보자고 했죠. 오히려 그림적으로 꽃미남들과 차별화될 수 있다고. 그래서 제가 아이디어를 낸 게 자치기라든지 팽이치기 같은, 큭큭, 지금은 하지 않는 우리의 전통놀이를 '이렇게 새롭게 바꿨습니다'라는 콘셉트로 다르게 해보자는 거였어요. 그런데 그게 제작진에서 어렵다는 결론을 내렸죠. 자치기나 팽이치기, 그런 고전 게임 자체가 너무 한정적이고 그걸 매주 새롭게 바꿔서 하는 게 어렵다고. 그래서 그냥 도전을 해보자는 콘셉트로 방향이 정해져 〈무모한 도전〉의 지하철과 달리기, 뭐 이런 도전들이 나오게 된 거죠. 그렇게 시작된 건데, 처음엔 어려웠죠. 시청률 4%대. 근데 그걸 많은 분들이 기다려주셨어요. 보시는 분들도, 제작진도, 저 방송국 윗선에서도.

진행할 때 보면 어울려 같이 놀다가 갑자기 MC 자리로 돌아와서 상대방의 말을 끊기도 하던데…….

그게 일단 서로 친하니까 가능하죠. 그리고 개그를 구성하는 것이 여러 가지 요소가 있겠지만, 그중 가장 중요한 게 '타이밍'이라고 생각해요. 웃음도 타이밍이고. 예를 들어 사회를 보다가 중간에 누군가의 말을 끊을 때가 있잖아요. 상대방이 한창 말을 하고 있는데 "네, 알겠습니다" 하고 말 끊고 들어가는 타이밍에 따라서 폭소가 터지기도 하고 민망해지기도 하거든요.

MC인데도 슬랩스틱 코미디를 하는 MC라는 게 흥미로워요.

신동엽, 김용만, 강호동 씨 모두 선배들과 콩트를 해온 사람들이에요. 웃음의 한 장르인 슬랩스틱을 적절히 배치하는 것이 좋다고 생각해요. 상황에 따라서는 백 마디 말보다 몸동작 하나가 더 큰 웃음을 불러올 수 있다고 생각하거든요.

그런데 슬랩스틱 코미디를 전문적으로 했을 때는 모두 실패했던 거 같아요. 〈코미디타운〉 때도 잘 안 됐고.

맞아요. 대놓고 하면 안 되는 거 같아요.

어느 순간 유재석 씨를 다른 오락 프로그램에서는 보기 힘들어졌어요. 사생활이 거의 알려지지 않은 연예인이 되었는데요.

일인자
유재석

여러 프로그램에 출연하다 보니까 예전보다는 게스트로 출연할 기회가 많이 없기도 하고, 저 스스로가 사생활이라는 것 자체가 거의 없어요. 드릴 만한 얘기도 없고.

톱스타인데, 대중들은 유재석 씨를 평범한 사람으로 대하는 거 같아요. 거물 MC지만 언제 잘릴까 고민하는 사람처럼 보이기도 하고요.

아, 불안해요. 특히 개편 철엔 굉장히 불안하죠. 2주 하다 없어진 프로그램도 있고, 찍었는데 방송 안 나간 프로그램도 있고, 사실 파리 목숨 같죠. 예전엔 그런 불안을 우리끼리만 속으로 가지고 있었다면 요즘은 시청자 여러분들도 이 직업의 비애를 많이 이해하시잖아요. 그러니 우리끼리도 방송에서 그런 농담을 할 수 있는 거죠.

데뷔 이후 오락 프로그램을 다양하게 겪었잖아요. 본인이 느낀 MC로서의 가장 중요한 부분은 뭐라고 생각하세요?

좋아도 너무 기뻐하지 말고, 안 좋아도 너무 슬퍼하지 말고. 저는 성공한 프로그램보다는 실패한 프로그램이 더 많아요. 그때는 너무 화나고 그랬지만 그게 없었다면 제가 지금처럼 될 수 없었을 거예요.

좋은 MC가 되기 위해 평소에 어떤 공부들을 하고 있죠?

내가 했던 방송이나 다른 분들의 방송을 많이 봐요. 지금은 쇼와 오락을 주로 하고 있지만 다른 분야의 프로그램이나 영화도 많이 보는 편이죠.

얼마 전에 김용만 씨와 인터뷰할 때 평소의 개그 트레이닝법으로 '수다'를 꼽은 적이 있었는데.

그게 몰랐는데 정말 큰 도움이 돼요. 얘기하다 보면 서로 경쟁심이 생겨 어떻게 해서든 웃기려고 들이대거든요. 방송을 그만둘까 방황하던 시절 많은 조언을 해준 사람이 김용만 선배입니다. '항상 다른 사람들을 돋보이게 해주고, 튀어야 할 때는 확실하게 튀는 모습을 보여줘라'는 조언은 지금도 금과옥조로 삼고 있죠. 선배가 베풀어준 것 이상으로 후배들을 챙겨야겠다는 생각입니다.

늘 적극적으로 출연자들의 춤을 따라서 추던데, 그 모습이 퍽 인상적이더라고요.

흥이 나서 참을 수가 없어요. 구준엽 형님이 나와서 춤을 추는데 어떻게 가만히 있겠어요. 그리고 녹화 시간이 굉장히 길어요. 저도 저지만 출연자들이 너무 힘들어하죠. 분위기가 다운되지 않도록 흥을 돋우기 위해 때로 좀 더 오버하기도 합니다.

맡은 프로그램들이 장수하는데?

저 혼자 열심히 한다고 잘 되는 게 아니잖아요. 출연진과 제작진

| 일인자
유재석 | 의 마음이 잘 맞고 그걸 시청자들이 좋아해주니까 오래 할 수 있는 거죠.

MC로서 본인의 장단점을 꼽는다면?

당시 상황에서 신이 나 표현한 행동이 나중에 보면 시끄럽다는 느낌이 들 때가 있어요. 그래서 방송을 쉬면서 보고 싶어 하는 분들에겐 죄송스럽기도 하죠. 장점은 얘기하기가 참 쑥스러운데, 그래도 열심히 하려는 것 하나는 장점이 아닐까 싶어요. 때론 녹화하면서 힘들 때도 있는데 그럴 땐 티를 안 내기 위해 상당히 집중해요.

출연자들이 편안하게 얘기할 수 있는 환경을 만들어주는 비결은 뭘까요?

일단 출연자보다 말을 적게 하려고 합니다. 출연자들이 생뚱맞은 답변을 하더라도 살을 붙여 재미있게 해주려고 하지요. 안 그러면 출연자가 얼마나 무안하겠어요. 또 재치 있는 답변에는 아주 크게 웃어주는 겁니다.

주류 세계의 어른들이 살아가는 방식을 스스로 금욕적으로 막고 있다는 생각이 들어요. 술을 마신다거나 사람들과 즐긴다거나.

일단 예전부터 술을 못하고, 밖에 나가서 못 노는 건 〈무한도전〉도 그렇고 'X맨'도 그렇고 몸도 많이 쓰고 녹화가 쉬운 편이 아니거든요. 그나마 술이라도 안 먹으니까 버티는 것 같아요.

데뷔 14년차인 '중견' MC로서 이제는 '메뚜기'란 별명이 거북하지 않나요?

거북하긴요. 지금의 나를 있게 한 별명인데요. 메뚜기란 별명을 붙여준 정선희 씨에게 진심으로 감사하고 있습니다.

현재 MC 판도가 언제까지 갈 것 같은가?

한 주 한 주가 위기예요. 데뷔 후 지금까지 20년 동안 위기가 아닌 적이 없었죠.

MC로서 철학이 있다면?

출연진과 시청자 모두 즐거워야 한다고 생각해요. 그래서 게스트가 불편해할 만한 질문은 굳이 안 하는 편이죠. 그런데 그렇게 방송하다 보면 물어보지 않아도 게스트가 먼저 말을 꺼내는 경우가 많더라고요.

MC로서 이루고 싶은 꿈은?

언젠가 제가 누리고 있는 이 자리가 자연스럽게 후배들에게 넘어갈 것이고, 그때는 후배들이 진행하는 프로에 게스트로 출연해 후배들을 빛내주고 싶습니다.

보통 MC들은 단독 토크쇼 같은 걸 마지막 꿈으로 이야기하곤 하던

**일인자
유재석**

데요, 어떠세요?

저는 그런 거 없어요. 지금 하고 있는 게 너무 즐겁고 좋아서, 오랫동안, 그냥 길게…… 그냥 열심히 해야 돼요. 아는 게 없어요. 저는 개인기도 안 되고, 뭐 되는 게 없기 때문에 열심히 해야 해요.

강호동이 믿는 오락, 신동엽이 생각하는 오락, 각자마다 그 의미가 다르리라 생각해요. 그렇다면 유재석이 정의하는 '오락'이란 무엇인가요?

글쎄, 잘 모르겠지만, 이런 생각은 해봤어요. 다른 사람들에게 불쾌감이나 불편함을 주지 않는 한, 할 수 있는 모든 것을 하는 것이 오락 아닐까요?

마무리하며, 책을 쓴 또 하나의 이유

　　　　　　몇 달 동안 유재석과 제대로 만났다. 아직 많이 모자라지만, 유재석을 들여다보려고 노력했다. 유재석처럼 되기를 꿈꾸며, 유재석을 공부했다. 유재석처럼 대화하는 사람이 되고자 했다.

　개인적인 이유가 있다. 밀레니엄을 보지 못하고 1999년에 돌아가신 아버지 때문이다. 유재석도 마찬가지였지만, 나도 부모님과 대화가 별로 없었다. 특히 아버지하고는 제대로 된 대화를 나눠본 적이 없다. 사진을 보면 세 명의 누나와 막내아들인 나, 어머니, 아버지해서 총 여섯 명 가족이 주말이면 놀러 다니긴 했지만, 아버지하고 이런저런 대화를 해본 기억은 전혀 나지 않는다.

　어릴 적 아버지가 종로 무교동에서 일하셨을 때는 풍년제과라

일인자
유재석

는 빵집에서 식빵을 사 오시곤 했던 기억이 난다. 그때 먹곤 했던 식빵 때문에 내가 빵을 좋아하고, 아이디를 '빵주(bbangjoo)'라 쓰고 있다. 어른이 되면 빵집을 차리거나, 빵집 하는 분의 딸과 결혼하고 싶다는 생각을 했다. 현란한 데커레이션이 되어 있거나 속에 복잡하게 무언가가 들어 있는 빵은 그다지 좋아하지 않는다. 식빵, 바게트, 소보로 정도의 심플한 빵을 좋아한다.

빵 때문에 얘기가 샜다. 빵 터졌나……? 어쨌든 아버지와 변변한 대화를 나눠보지 못하고 자랐다. 내가 하는 선택에 대해 뭐라고 의견을 표현하신 적은 딱 한 번, 대학에 낙방했을 때 "영주가 떨어질 줄 몰랐어" 하며 슬퍼하신 정도다.

나 역시 낙방에 충격을 받았기에 아버지의 얘기를 듣고 내 방으로 가서 기타를 꺼내 노래를 불렀다. 눈물을 주룩주룩 흘리며 노래했다. 지금 생각하면 그때 내가 왜 그랬는지 전혀 이해가 안 가지만 생생하게 기억난다.

〈영산강〉이라는 노래다. '차라리 울어 볼까나~'로 시작하는, 당시 고등학교 3학년이 부르기에는 조금 이른 노래이지만, 대학생 누나들로 조기 교육이 되어 있었기에 부를 수 있었다. 엄혹했던 1983년 그 겨울에, 고등학생인 나는 이미 김민기, 한대수의 노래도 다 꿰고 있었다.

어찌 됐든 아버지는 의견을 얘기하신 건데, 대학 낙방에 대한 실망감 표출도, 누나 세 명이 워낙 한 방에 대학을 들어갔기에, 나도 당연히 그럴 줄 알고 있었는데 그러지 못한 것에 대한 놀람 정도라고 본다.

이듬해 대학생이 된 내가 어수선한 시국에 부응하여 운동권의 길을 선택했을 때도 아버지는 크게 뭐라고 하신 적이 없다. 몇 개월을 집에도 들어가지 못하거나 경찰서에 들어갔다 훈방 조치되어 '1박! 2일!'을 외치고 집에 왔을 때도 어머니가 주신 두부를 먹는 내 모습을 그저 바라만 보셨다. 입대를 했을 때도, 전공필수 두 과목이 펑크가 나서 9학기 만에 졸업을 했을 때도, 방송작가가 된다고 했을 때도, 결혼을 한다고 했을 때도 단 한 번도 뭐라고 하신 적이 없다. 심지어는 1999년 가을 무렵 매형의 권유로 건강검진을 받았는데 폐암 말기라는 판정을 받았을 때도 아버지는 특별한 말씀이 없으셨다.

항암치료를 중도에 포기하고 집에 오셨을 때 난 아버지와 본격적으로 대화를 해야 했다. 그런데 하지 못했다. 그렇게 빨리 가실 줄 몰랐다. 판정 받고 두 달 만에 눈을 감으셨다. 중환자실에 계실 때 보드판에 써서 필담 몇 마디 한 게 전부였다. 난 쓰고 아버지는 눈으로 대답하셨다.

내가 유재석에게 말하는 법, 재미있게 대화하는 법, 노는 법을 배우고자 했던 건, 살아 있을 때 나와 함께하는 모든 사람들과 잘 지내기 위해서다. 그리고 또 하나! 내가 죽게 되면 아버지와 만나 이승에서 하지 못한 대화를 본격적으로 하기 위해서다.

**일인자
유재석**

    지상의 인간들을 내려다보며 지상 최고[高]의 부자 토크쇼를 할 계획이다. 기획, 구성, 대본 작업에 대략 30~40년 잡으면 우주를 깜짝 놀라게 할 대박 프로그램이 나오지 않겠는가.

    우리 부자가 2MC가 되어, 얘기하고 싶은 많은 사람을 초대하여 즐겁게 대화하며 제2의 삶을 펼쳐나갈 것이다. 쌩큐, 유재석.

인생 시계로 꾸며본 유재석 연표

『아프니까 청춘이다』의 저자 김난도 교수의 사무실에는 가지 않는 탁상시계가 있다. 일부러 건전지를 빼두었다고 한다. 이유가 있다. 매년 자신의 생일이 되면 18분씩 앞으로 시곗바늘을 옮긴다. 그리고 우리에게 질문을 던진다.

"그대, 인생을 얼마나 산 것 같은가?"

사람이 태어나서 죽을 때까지를 24시간에 비유한다면, 그대는 지금 몇 시쯤을 살고 있는지 계산해보라고 한다. 곧 죽어도 만으로 해서 내 나이 46세. 많이 살았다고 늘 생각했다. 인생 시계로 계산해본다. 한국인 평균 수명을 80세로 볼 때 46세는?

인생 시계 계산법은 다음과 같다. 24시간은 1440분. 이것을 80년으로 나누면 18분이다. 1년에 18분씩, 10년에 3시간씩 가는 거다.

일인자
유재석

내 나이 시계는 1시 48분밖에 안 된다. 방금 점심 먹고 활기찬 오후를 막 시작한 것이다.

인생 시계, 묘하게 힘을 준다. 물론 약간의 속임수가 있다. 자정부터 계산하니까 기분이 좋아지는 계산인 것이다. 하지만 이런 계산법은 적극적으로 속아줘야 한다. 그래야 신이 난다.

인생 시계로 방송 기계 유재석의 삶을 정리해본다.

1972년 8월 14일	서울에서 태어남
오전 5시 42분 (19세) 1991년	〈제1회 KBS 대학 개그제〉 장려상으로 개그맨 공채 7기
오전 7시 30분 (25세) 1997년	〈코미디 세상만사〉
오전 8시 06분 (27세) 1999년	〈서세원쇼〉 '토크박스'
오전 8시 24분 (28세) 2000년	〈야! 한밤에〉
	〈한국이 보인다〉
	〈멋진 친구들〉
	〈목표달성! 토요일〉 '스타 서바이벌 동거동락'
오전 8시 42분 (29세) 2001년	〈느낌표〉 '책책책! 책을 읽읍시다'
	〈슈퍼TV 일요일은 즐거워〉 'MC 대격돌'
오전 9시 (30세) 2002년	〈코미디타운〉
	〈기분전환 수요일〉 '대결! 맛 대 맛'

오전 9시 18분 (31세) 2003년　　〈해피투게더〉 '쟁반노래방'

　　　　　　　　　　　　　　　〈슈퍼TV 일요일은 즐거워〉 '위험한 초대',

　　　　　　　　　　　　　　　'천하제일 외인구단'

오전 9시 36분 (32세) 2004년　　〈일요일이 좋다〉 '유재석과 감개무량',

　　　　　　　　　　　　　　　'X맨을 찾아라!'

　　　　　　　　　　　　　　　〈유재석 김원희의 놀러와〉

오전 9시 54분 (33세) 2005년　　〈해피투게더〉 '프렌즈'

　　　　　　　　　　　　　　　〈토요일〉 '무모한 도전', '무리한 도전'

　　　　　　　　　　　　　　　〈강력추천 토요일〉 '무한도전 : 퀴즈의 달인'

오전 10시 12분 (34세) 2006년　　〈일요일이 좋다〉 'NEW X맨'

　　　　　　　　　　　　　　　〈무한도전〉

오전 10시 30분 (35세) 2007년　　〈일요일이 좋다〉 '하자GO', '옛날 TV',

　　　　　　　　　　　　　　　'기적의 승부사', 〈해피투게더〉 시즌3

오전 10시 48분 (36세) 2008년　　〈일요일이 좋다〉 '패밀리가 떴다'

오전 11시 24분 (38세) 2010년　　〈일요일이 좋다〉 '런닝맨'

정오 (40세) 2012년　　　　　　〈해피투게더〉, 〈놀러와〉, 〈무한도전〉,

　　　　　　　　　　　　　　　〈런닝맨〉 진행 중

인생 시계로 꾸며본 유재석 연표

참고한 문헌

『서세원의 토크박스』, 서세원쇼 제작팀, 창과창

『격을 파하라』, 송창의, 랜덤하우스

『말 잘하는 사람들의 1% 비밀』, 다나카 이데아, 티즈맵

『유머가 이긴다』, 신상훈, 쌤앤파커스

『토크쇼 화법』, 김일중, 중앙북스

『유머가 인생을 바꾼다』, 김진배, 다산북스

『코미디 PD의 웃음 만들기』, 이상훈, SBS 프로덕션

『호감도 200% up시키는 대화 기술』, 시부야 쇼조, 지식여행

『유쾌한 유머』, 김진배, 나무생각

『연애야 말해봐』, 이재목, 라이프하우스

『유재석처럼 말하고 강호동처럼 행동하라』, 서병기, 두리미디어

『왜 그는 늘 2인자일까』, 배우리, 미래를 소유한 사람들

『끌리는 사람의 유머 스타일』, 최규상, 토네이도

『대한민국 30대를 위한 자기주장 기술』, 이정숙, 한국경제신문

『유머로 시작하라』, 이상훈, 살림

『일등 인생을 만든 삼류들』, 김성신, 스마트 비즈니스

『대한민국을 움직이는 쿨 에너지』, 강준만, 인물과사상

『안철수의 말 한마디가 김제동을 웃게 한다』, 김옥림, 팬덤북스

『꿈이 있는 거북이는 지치지 않습니다』, 김병만, 실크로드

『크로스』, 정재승+진중권, 웅진지식하우스

『독이 되는 말 득이 되는 말』, 쓰다 히데키 & 니시무라 에스케, 위즈덤하우스

『열정 바이러스』, 지승호, 바른지식

『결정적 순간의 유머』, 김진배, 시아출판사

『아프니까 청춘이다』, 김난도, 쌤앤파커스

「텔레비전 토크쇼 프로그램의 준사회적 상호작용이 시청 효과에 미치는 영향」, 이윤석, 2007

『KBS 저널』

• 기타 다수의 기사와 블로그를 참고했습니다. 감사합니다.

일인자 유재석

ⓒ 김영주, 2012

초판 1쇄 발행일 2012년 8월 16일
초판 9쇄 발행일 2018년 6월 7일

지은이　　김영주
펴낸이　　정은영
편집　　　사태희
마케팅　　이경훈 한승훈 윤혜은 황은진

펴낸곳　　(주)자음과모음
출판등록　2001년 11월 28일 제2001-000259호
주소　　　04047 서울 마포구 서교동 396-33번지
전화　　　편집부 (02)324-2347, 경영지원부 (02)325-6047
팩스　　　편집부 (02)324-2348, 경영지원부 (02)2654-7696
E-mail　　ezbook@jamobook.com

ISBN 978-89-5624-396-2 (13300)

이지북은 (주)자음과모음의 자기계발·경제경영·실용 브랜드입니다.

잘못된 책은 교환해드립니다.
저자와의 협의하에 인지는 붙이지 않습니다.